右傾化する日本政治

野晃一
Koichi Nakano

岩波新書
1553

右傾化する日本政治

目次

目　次

序章　自由化の果てに

1　現在を生んだ新右派転換

日本政治は「右傾化」したのか

日本はどこへ向かっているのだろうか。現代における日本政治の展開をどう理解するかは、近年、国内外で論争の的となっている。

一方では、日本政治の右傾化が指摘されている。とりわけ二〇一二年一二月に安倍晋三が政権復帰して以来、その復古主義的な政治信念から日本の軍国主義化を懸念する声さえもあがるようになった。過去がそのまま繰り返されるかのように案じるのは単純にすぎる面もあるだろう。しかし、歴史修正主義的な政治家が今や自由民主党の主流をなし、他党のなかにも多数見られるようになった事実は無視できない。

他方で、日本はようやく「普通の国」へと向かう道のりを歩みだしただけで、小泉純一郎や安倍が進めてきた一連の改革や政策変化は、むしろ遅ればせながらの「近代化」や「アップデート」にすぎないという主張もある。経済面で「失われた一〇年」を取り戻し、中国の台頭など安全保障環境の変化への対応を行うのは当然であり、それらをもって右傾化と呼ぶ批判は的外れであるというのだ。

本書は、日本政治が大きく右傾化しつつあるという立場をとる。しかし、右傾化が小泉や安倍の登場で突然に始まったものとは考えないし、安倍の退場によって終わるものとも考えない。そのプロセスは過去三〇年ほどの長いタイムスパンで、以下のような特徴を帯びつつ展開してきたものである。

一つには、現代日本における右傾化は政治主導（より正確にいえば、政治エリート主導）であって、社会主導ではないということである。近年になって右傾化を示すような指標が日本社会においても部分的に見られるようになったが、総じて政界における右傾化のほうが時期も早く、振幅も大きい。一般世論がまず右に傾き、それを後追いして政治家や政党が右傾化したわけではない。

二つには、右傾化のプロセスは単線的に一気に成し遂げられたのではなく、寄せては返す波のように逆方向への限定的な揺り戻しを挟みながら、時間を掛けて進展したのである。イメージとしては、支点が徐々に右に動く振り子のようなものを思い浮かべてもらえば良いだろう

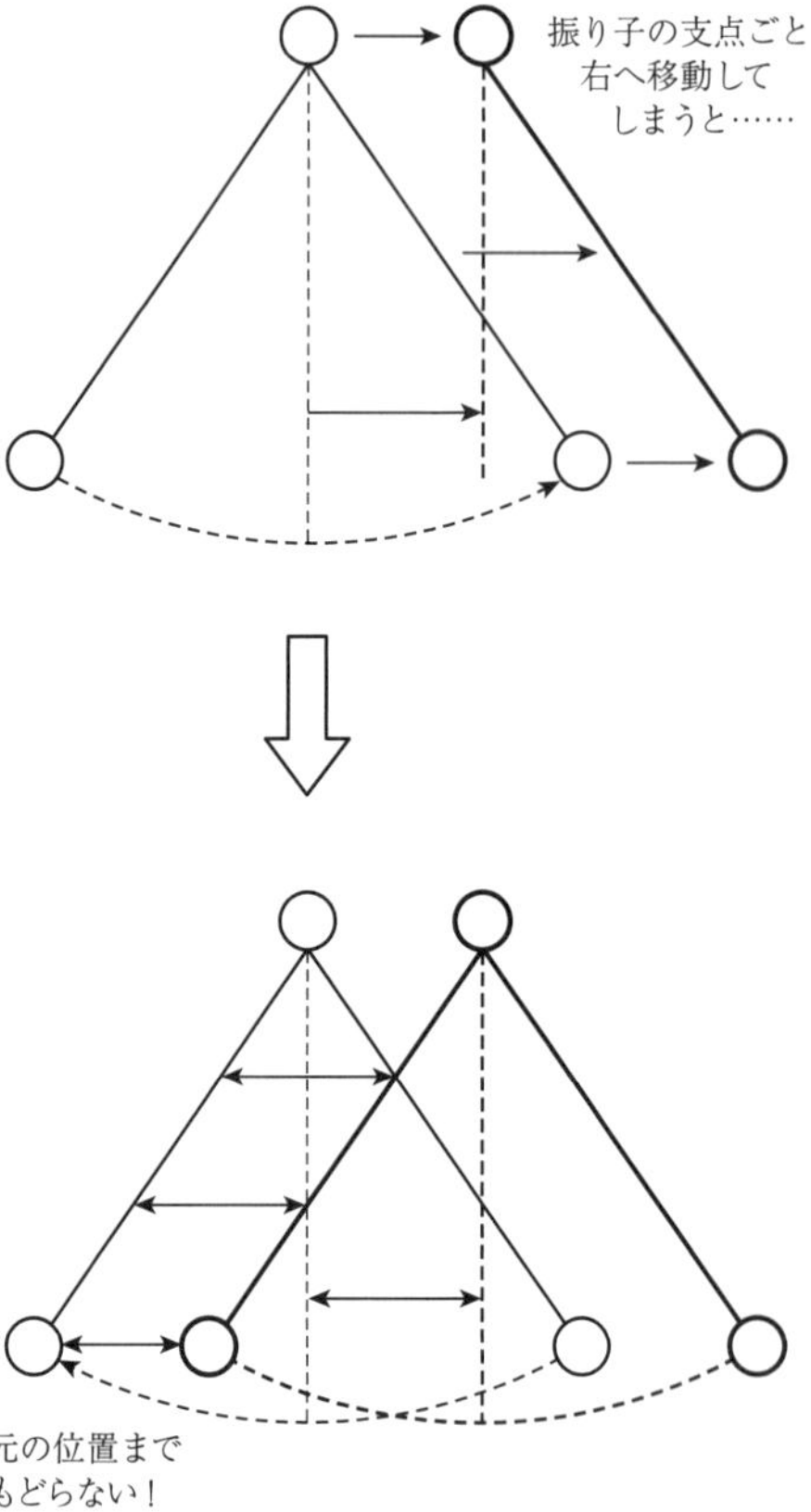
振り子の支点ごと
右へ移動して
しまうと……
元の位置まで
もどらない！
図1

（図1）。振り子が右に振れるとき支点も一緒に右に動き、やがて振り子は左に振れるわけだが、前の周期の左端まではもどらず、もっと右の位置で留まる。

つまり揺り戻しといっても部分的にすぎず、さらに右傾化の進捗《しんちょく》とともに、単なる小休止あるいは減速といったほうが正確なほどまでに右傾化がデフォルト化していった。

三つには、こうした右傾化の本質は「新右派転換」と呼ぶべきものである。つまり、旧来の右派がそのまま強大化したのではなく、新しい右派へと変質していくなかで起きたものなのである。

実はこれらの特徴が、右傾化を見えづらくしている。また右傾化ではなく改革がようやく目に見えて進捗しているだけだと主張する論者も少なくないことの背景にも、この特徴が関係している。

寄せては返す新右派転換の「波」

新右派転換の萌芽期から今日に至るまで、主導的な役割を果たした主要な政治リーダーとして、中曽根康弘、小沢一郎、橋本龍太郎、小泉、そして安倍が挙げられる(表1)。そしてその間の揺り戻しとしては、一九八九年参議院議員選挙における土井たか子が率いた日本社会党の勝利、一九九四年の社会党の村山富市を首班とした自社さ(自民党、社会党、新党さきがけ)政権、一九九八年参議院選挙における自民党の過半数割れ、二〇〇七年の参議院選挙によるねじれ国会から二〇〇九年に誕生した民主党政権がある。

表1　新右派転換の波

年	新右派転換の波	揺り戻し（小休止・減速）
1982-87	中曽根康弘「戦後政治の総決算」	
1989		自民党参議院選敗北、過半数割れ
1989-94	小沢一郎「政治改革と政界再編」	
1994-96		自社さ政権
1996-98	橋本龍太郎「六大改革」「バックラッシュ」	
1998		自民党参議院選敗北、過半数割れ
2001-07	小泉純一郎「構造改革」 安倍晋三「戦後レジームからの脱却」	
2007-12		自民党参議院選敗北、過半数割れ 自民党衆議院選敗北、民主党政権
2012-	安倍晋三「日本を、取り戻す。」 「この道しかない。」	

こうして寄せては返す波が、しかしやがて満潮を迎えるように、新右派転換は右派そのものの変質を加速させつつ、日本政治の座標軸を右へ右へと推し進めていったのであった。

右派の質的転換が起きているにもかかわらず、なお右傾化と総括することがなぜ可能なのか。その理由は、内政面での社会経済政策において、「格差社会」「二極化」あるいは「勝ち組」「負け組」という言葉に表されているように不平等が拡大していき、またそのことが規範レベルでも少なくとも消極的には受容されるような変化が起きているからである。そしてまた、憲法や教育、治安など国家と個人の関係や社会秩序をめぐる問題でも、個人の権利や自由が制限され、代わりに国家の権威や権限が拡張されるようになっている。外交安全保障政策においても、日米安保に基軸を置きつつも専守防衛に徹する平和主義と、中国や韓国を中心としたアジア近隣諸国との和解を志向する従来の立ち位置からの逸脱が進み、歴史修正主義の主流化と海外で戦争に参加できる国への変化が起きている。

新右派転換の過程で、こうした政策変化が「改革」と標榜《ひょうぼう》されるようになったのもまた事実である。しかしもともと「平等志向・個人の自由尊重・反戦平和主義(ハト派)・植民地主義の反省と謝罪」を左、「不平等や階層間格差の是認・国家による秩序管理の強化・軍事力による抑止重視(タカ派)・歴史修正主義」を右にそれぞれ位置づけて政治座標軸を捉えることは、日本に限らず海外においてもかなり一般的に受け入れられている。こうして見ると、中曽根政権以来、日本の政治が次第に右傾化してきていることは、客観的に観察できる事実として、ある程度共有できるのではないだろうか。

むろん、こうした右傾化の結果、現在の日本政治が他国と比べてどう位置づけられるのかということも極めて重要な問題である。というのも、右傾化という評価に反発する意見の多くが、日本でもいろいろ「改革」がなされてきたとはいえ、総じてまだまだ左に寄りすぎており「普通の国」とさえいえない、という現状認識を有しているからである。この重要な論点については、本書における分析を踏まえたうえで扱うこととしたい。

世界のなかの新右派転換

また、もう一つ重要なのは、新右派転換によって政治座標軸が右にシフトする傾向は日本に限ったことではなく、過去三〇年ほどの世界的な潮流といえることである。右傾化現象は日本だけで起きているのではない。

そもそも「新右派」すなわちNew Right(ニュー・ライト)という言葉は、一九七九年にイギリスで政権についたマーガレット・サッチャーや一九八一年にアメリカ大統領に就任したロナルド・レーガンら、日本の中曽根と同じく一九八〇年代の冷戦末期を率いた新しいタイプの保守政治家を指して使われた。国によって具体的な政策の違いはあるものの、伝統的な価値規範や社会秩序の復権を声高に提唱しつつ、規制緩和や減税で企業などの経済活動を政府のコントロールから解放する新自由主義的な経済政策を推し進め、また軍事力増強を通じたタカ派的な安全保障政策を追求する「保守革命」の性質を帯びたものであった。

サッチャーを例にとろう。彼女は、ケインズ主義の経済政策やベヴァリッジ報告を土台とした社会保障政策における戦後イギリスの「コンセンサス政治」が、人びとの自立心や進取の精神を奪い、道徳の頽廃《たいはい》と国力の衰退を招いたとした。そして、ときにはフォークランド紛争や炭坑労働者ストライキ弾圧のように、軍事力や警察力を総動員してまで「国内外の敵」と対峙し、国営企業の民営化、ロンドン証券取引所によるビッグバンなどの規制緩和、人頭税の導入などを行ったのであった。保守党内においてもサッチャーは、家父長的なノーブレス・オブリージュ意識から階級間妥協の必要性を容認する国民統合派(One Nation Tory)を、「自由経済と強い国家」(アンドリュー・ギャンブル)という目標の実現の妨げとなるWets(弱虫)と侮蔑し、政権中枢から駆逐していった。

サッチャーが一九九〇年に退陣した後も、新右派転換路線を基本的に継承したジョン・メージャーが一九九七年まで計一八年の長期にわたる保守党政権を維持し、その結果、イギリス政治は大きな変貌を遂げていた。トニー・ブレア率いる労働党への政権交代は、左方向への「揺り戻し」としての側面を持つ一方で、「第三の道」や「ラディカルな中道」といったスローガンに見られるように、新右派転換による「改革」を前提として継承するものでもあった。ブレア自身がニュー・レイバー(新しい労働党)を掲げ、オールド・レイバーと対峙していったこともその表れである。

なお、アメリカにおいても似通った展開が見られた。レーガンの後、彼の副大統領を務めたジョージ・ブッシュ(父)が一九九三年まで共和党政権を維持したのち、ニュー・デモクラット(新しい民主党)を自任するビル・クリントンが、中道的な立ち位置をとる改革派として大統領選を勝ち抜いていった。クリントンもまた、新右派転換を覆すということではなく、その「成果」を継承しつつ部分的な揺り戻しを試みたにすぎなかった。

このように、世界的な動きとの連動のなかで日本における新右派転換と右傾化は理解される必要がある。本書でも現代日本政治を主題としつつ、グローバルな視座からの分析を心掛けることとしたい。

ところで新右派転換は世界的に展開しているとはいえ、実際の進捗状況には相当な開きがあることも指摘しておかなければならない。概して、選挙制度として小選挙区制を用いる英米によってグローバルな新右派転換は牽引《けんいん》されてきたといって間違いではない。比例代表制にもとづくヨーロッパ大陸諸国での右傾化現象は、相当に異なる様相を呈しており、紙幅の都合上、残念ながら本書では詳しくふれることができない。しかし選挙制度のもたらす相違は、日本において小選挙区制の導入が果たした役割を考えるうえで重要な論点である。

日本の新右派連合（一）――新自由主義

さて、日本における新右派転換はどのような政治潮流がもたらしたのか。実際には三〇年以上におよぶ政策変化の過程で、新右派連合そのものも時を経て変容してきているが、大きく捉えて「新自由主義（ネオリベラリズム）」と「国家主義（ナショナリズム）」の組み合わせによって形成されているといって差し支えないだろう。

まず新自由主義である。経済理論としてはフリードリヒ・ハイエクやミルトン・フリードマンらによって代表される。端的にいえば、個人や企業の経済活動の自由を掲げ、そのために政府や社会、労働組合などによる介入や制約を排した自由市場や自由貿易を推奨した、いわゆる「小さな政府」論である（デヴィッド・ハーヴェイ『新自由主義――その歴史的展開と現在』）。日本の文脈においても、民営化、特殊法人などの整理統廃合、中央省庁再編などを通じて「簡素で効率的な政府」が目指され、また規制緩和や地方分権などを通じて中央政府の介入を弱めるなどさまざまな行政改革がなされていった。

日本を特徴づけてきた従来の「護送船団方式」が、金融システムなどの規制緩和によって大きく変貌していった。金融業界そのものにおいて統合再編が進む一方、直接金融（株式市場など）の比重や外資持株比率の相対的な高まりを通じて、日本経済全体のグローバル化が加速していったのである。また労働市場の流動化が目指され、多様で柔軟な働き方が提唱されるなかで雇用の非正規化が進展した。

しかし、公共セクターの縮小や公共支出の削減、それにともなう中央政府から地方自治体、企業、家族や個人への権限や責任の委譲だけが、新自由主義的な政治改革や行政改革なのではない。日本の文脈ではしばしば婉曲的《えんきょく》に「内閣機能の強化」と呼ばれてきたが、ようは総理大臣と内閣官房(いわゆる首相官邸)への権力集中もまた極めて重要である。イギリスにおいてもサッチャー以来、「自由経済」とともに「強い国家」を実現するべく、首相府への権力集中と首相の「大統領化」が進められてきた。

国家から企業経済や地域社会などへの「分権」を標榜する新自由主義が、逆に国家機構のなかでは「集権」を推進する。その理由は、一つには、行政府の長へと権力を集中しないことには、いわゆる既得権益や合意形成型の政策過程に切り込むことができないからである。新自由主義改革には、国家がそれまで責任を負っていた分野から撤退し、「自己責任」を課す意味合いもあるゆえに、「抵抗勢力」が立ちはだかるのであり、その壁を突破できるだけの権力の集中を必然的に呼び込むことになるのである。

もう一つには、そもそも新自由主義思想が、企業や市場による意思決定や資源配分の優越性を前提にしているからだ。企業が自由に経済活動できる市場を拡大しようとする以上、政治はその活動領域を狭められるだけでなく、企業や市場をモデルにして再構築されてしまう。「民間ではありえない」という公務員バッシングの常套句《じょうとうく》に表れているように、政府や政党、学校や医療機関なども含めた公共セクター全般も「企業のように経営されてしかるべき」であるという考えが広められた。むろんこのとき想起されている企業ガバナンスはたぶんに理想化されたものであるのだが、こうして行政府の長が次第に違和感なく「最高経営責任者（CEO）」になぞらえられるようになっていくなかで、民主統治のあるべき姿も変わり、首相への権力集中が進んでいった。

このことと政治改革の名のもとに導入された小選挙区制は、実は密接につながっている。企業が市場で購買者を求めて互いに商品やサービスを競い合うように、政党は選挙で政策実績やマニフェストをもってお客さまに擬せられた有権者にアピールし票を集める（ヨーゼフ・シュムペーター『資本主義・社会主義・民主主義』）。小選挙区制にもとづいた政権交代可能な二大政党制であれば、より多くの有権者の支持を得て勝利した政党が単独政権を築き、首相のリーダーシップのもと有権者との「契約」に相当する選挙公約の実現に邁進《まいしん》するようになる。こうした新自由主義的な民主統治のあり方が理想として掲げられ、政治改革の流れを決定的に方向づけていったのである。

日本の新右派連合(二)——国家主義

「自由経済」を標榜する新自由主義と対《つい》になって新右派連合を形成したのは、「強い国家」を志向する国家主義であった。これは先に述べたような「改革」実現のためのトップダウン型の強権的な政権のあり方を追求するのにとどまらず、市民社会に対しても国際関係においても、国家の権威を強めようとする保守反動勢力の「失地回復」運動でもあった。

ここであえて国家主義と呼ぶのは、ナショナリズムの一形態であることは間違いないにしても、国民(ネーション)の統合、主権、自由よりも、国家(ステート)の権威や権力の強化が優先する傾向が顕著であるからである。国家権力を内外でより強大なものとすることを目的に、国民意識や感情(ナショナリズム)を煽《あお》る政治手法が手段として用いられる。

たとえば、お国自慢のような「素朴な」愛国心と未来に対する楽観主義を結合させたレトリックを駆使し、政府に依存しない自立した個人の責任といった伝統的なアメリカ保守主義の価値への回帰を説いたレーガンは、同時に軍事予算を増額し、軍事力の拡大強化によってソ連との冷戦を終結させる戦略をとった。軍事面では明らかに「大きな政府」主義者だったのである。

日本ではもともと明治維新以降、国家を権威のよりどころとし、その規定する価値秩序に社会を従属させる「国家保守主義」が、旧内務官僚を中心とした国家官僚制の統治イデオロギーとして奉じられ、戦後の保守支配体制においても徐々に復権を遂げてきた（中野晃一『戦後日本の国家保守主義——内務・自治官僚の軌跡』）。このため、多元的な市民社会の伝統を有する英米などと比較して、日本はフランスなどと並んで「強い国家」に分類されるのが通常であった。

しかし日本の新右派転換においても、さらなる国力の強化や国威の発揚は欠かせない要素であった。その嚆矢《こうし》となったのが、一九九三年に小沢が『日本改造計画』で展開した「普通の国」論であった。最近では「日本を、取り戻す。」という二〇一二年衆議院議員選挙での安倍自民党のスローガンが如実に表しているように、彼ら新世代の保守統治エリートたちには、未だ回復されざる「失地」が存在した。それは大きく二つに分類することができるが、ともにアジア太平洋戦争における大日本帝国の敗北の帰結として甘受せざるを得なかった「戦後レジーム」に起源を持つ。だからこそ、そこからの「脱却」が至上命題に掲げられたのである。

一つめはむろん憲法改正、すなわち「自主憲法」の制定である。

長らく九条に照準を合わせた改憲論は、近年では西洋近代の立憲主義そのものに対する攻撃と化しつつある。新右派転換の過程で、日米安全保障体制や「国際貢献」を梃子《てこ》に、憲法九条の制約を段階的に外し、防衛力増強、国連平和維持活動（ＰＫＯ）参加、「非戦闘地域」への自衛隊派遣、集団的自衛権の行使容認と「普通の国」を目指した歩みが展開されてきた。こうした動きは、対外的なものにとどまらず、国内においても国民の権利や自由を制限した「戦争ができる国」へと向けた有事法制（武力攻撃事態法や国民保護法など）や治安立法（通信傍受法や特定秘密保護法など）の整備をも伴った。

北朝鮮（朝鮮民主主義人民共和国）による拉致被害、ミサイル発射実験、核開発などの問題や、あるいは中国や韓国などとの間に存在する尖閣諸島や竹島などの領土問題が、国民感情をナショナリズムの方向へと誘導するための象徴的事例として果たした役割は無視できない。現に国家主義イデオローグや安倍たちは、憲法のせいで拉致問題が起き、また拉致問題の解決のためには憲法改正が不可欠との主張を繰り返している。

二つめは歴史認識や歴史・道徳教育に関わる問題である。

新右派転換が進捗するにつれ、抽象的なレベルで愛国心の涵養《かんよう》を訴えたり、「日本固有の」伝統や文化（「国柄」）の尊重を謳《うた》ったりするにとどまらず、実際に教育基本法が改正され、教育現場においても君が代や日の丸の強制が進められた。また、「皇国日本」が近代化の過程で戦ったすべての戦争を自存自衛すなわち平和のための戦争と正当化する靖国史観を中核とした歴史修正主義が影響力を強めた。これにより、教科書問題、靖国問題、「慰安婦」問題などが、国内論争の火種としてくすぶりつづけるだけでなく、重大な国際問題へと発展していくのであった（中野晃一「ヤスクニ問題とむきあう」）。

このプロセスと手を結ぶようにして、儒教的道徳観に支えられた家族国家観（石田雄『日本の社会科学』）もまた政治的な影響力を強めてきた。国民たるもの国家に忠誠を誓うのみならず、自ら進んで国家の意思を斟酌《しんしゃく》し追求するべきである、という教育勅語の教える「国民道徳」であった。それは、近代国家とそれに尽くす国民の創成を通じて前近代的な価値秩序を維持しようとした元祖・保守革命（王政「復古」による明治「維新」）としての日本の近代化を下支えした、国家保守主義思想そのものであるといえる。ジェンダー・バックラッシュや生活保護バッシング、道徳教育推進などで表出したこのイデオロギーは、むろんそれ自体において日新しいものではないが、靖国史観と同様に、やがて新右派連合の前進にともない保守政治のメイン・ストリームを占めるようになったのである。

こうした意味での「日本近代」の肯定（と「西洋近代」の否定）の情念が、日本における新右派連合の一角を形成した復古色の濃い国家主義に特徴的であるといえよう。

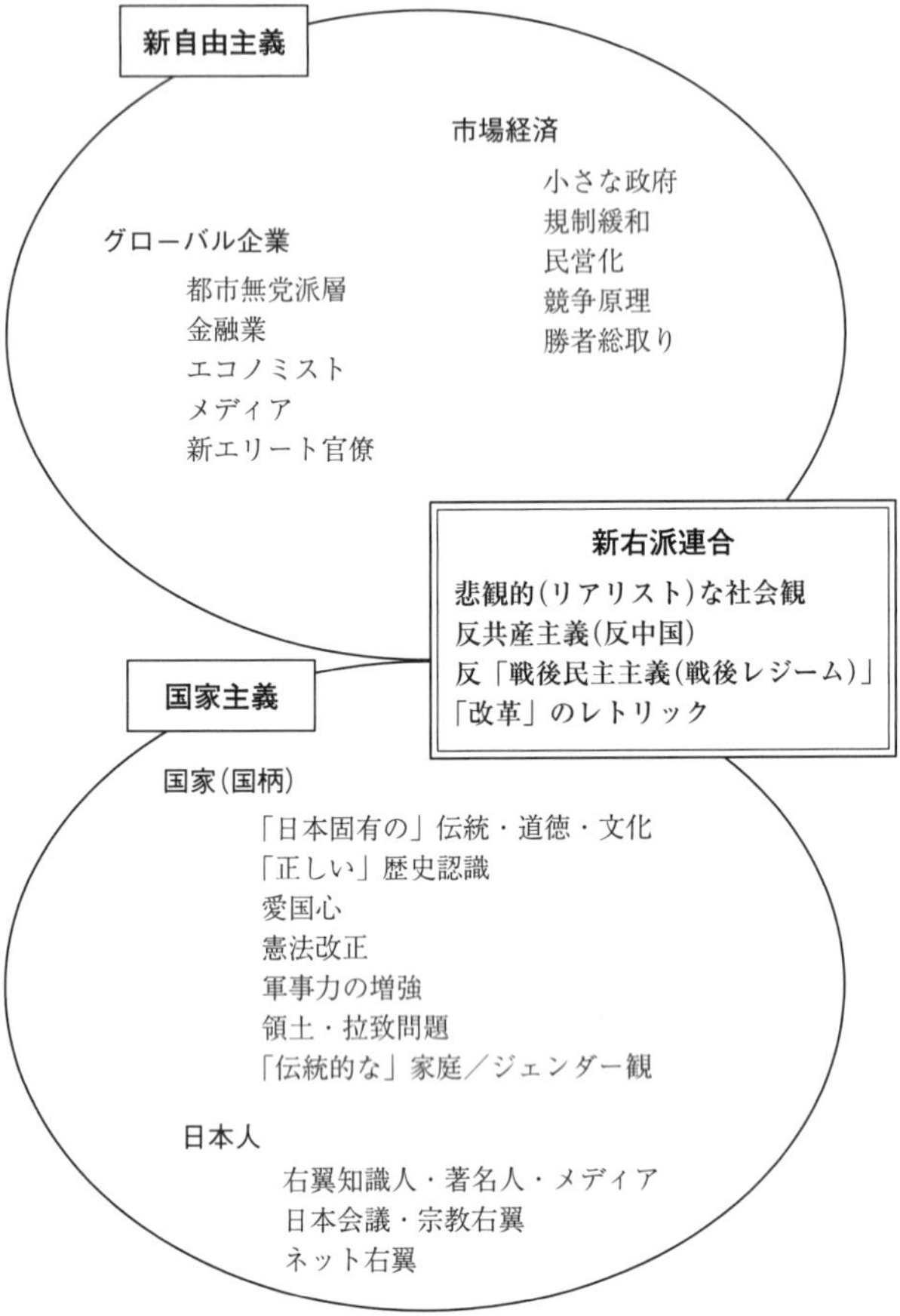
新自由主義
市場経済
小さな政府
規制緩和
民営化
競争原理
勝者総取り
グローバル企業
都市無党派層
金融業
エコノミスト
メディア
新エリート官僚
新右派連合
悲観的(リアリスト)な社会観
反共産主義(反中国)
反「戦後民主主義(戦後レジーム)」
「改革」のレトリック
国家主義
国家(国柄)
「日本固有の」伝統・道徳・文化
「正しい」歴史認識
愛国心
憲法改正
軍事力の増強
領土・拉致問題
「伝統的な」家庭／ジェンダー観
日本人
右翼知識人・著名人・メディア
日本会議・宗教右翼
ネット右翼

図2　日本の新右派連合

2　なぜ「反自由の政治」へ向かったのか

新右派連合をつなぐのは

新右派連合の両翼をなす新自由主義と国家主義は、それぞれ経済的自由主義と政治的反自由主義と言い換えることが可能だろう。しかし、一方が自由主義の一種で、もう一方が反自由主義なのだとしたら、その連合はいかにして可能なのか。また一方がグローバル化を推進し、もう一方がナショナリズムを喚起することに矛盾はないのだろうか。新右派連合の結節点は、相互に連関する三つの視角から解明できる（中野晃一「現代日本の「ノショナリズム」とグローバル化——「政治的反自由と経済的自由」の政治研究」）。

一つめは、理念的な親和性である。

新自由主義と国家主義がともにその世界観の基盤とするのは、それぞれが自己利益や自己保全を追求するアクターの取引や闘争によって、誰が何を得るのか、誰が誰を支配するのかが決まる、またそうしかるべきである、という「リアリズム」である。

こうした世界観は一見悲観的なものに映るが、利己的な行動に倫理的なお墨付きを与えることから、とりわけ強者にとって解放的な側面を持つことは否定できない。市場や社会における富裕層や権力者の楽観的なシニシズムにもとづいたふるまいが裁可されるわけである。こうして冷戦の枠組みのなかで保守統治エリートたちに一定のタガをはめていた政治勢力や制度が、戦後民主主義のタブーを打ち破る「改革」のレトリックやパフォーマンスによって壊されていくことになった。

二つめには、利害上の適合性ないしは一致である。

新自由主義的改革の最大の受益者であり、それゆえに最も強力な推進者であるのは、グローバル企業エリートたちである。他方、国家主義的アジェンダの進展により、その権力の掌握をさらに強固なものにするのは、いうまでもなく保守統治エリートたち、すなわち世襲政治家や高級官僚たちである。

新右派転換の展開とともに、経済面と軍事面の双方で日米関係が強化されていったことは、まさしくアメリカ(やイギリス)から新右派連合のリアリスト理念を学習し会得《えとく》した彼ら日本の政財官エリートたちが、太平洋を挟んだアメリカのパワーエリート(特に共和党エリート)たちとともに、トランスナショナルなパワーエリートとしての階級利益の合致を見出し、その全面的な追求を始めた過程でもあった。

三つめは、政治的な補完性である。「自由経済」が既存のものではなく、社会の抵抗を排して新たに創出しなくては存在しないものである以上、それを可能とするために「強い国家」が要請されることは前に述べた。「世界で一番企業が活躍しやすい国」(二〇一三年、第一八三回国会における安倍総理施政方針演説)というのは、まず保守統治エリートが権力を集中させたうえで「改革」を実行しなければできないのである。

しかし、保守統治エリートが権力を集中させるためには、戦後民主主義を担ってきた政治勢力や制度が邪魔となる。そして戦後民主主義を下支えしてきたのは、労働組合やその支持を受けた政党であり、またこれら革新勢力との階級間妥協を通じて権力を安定的に維持することを選択した五五年体制における「保守本流」すなわち「旧右派(オールド・ライト)」連合であった。

こうして共通の敵を有するグローバル企業エリートと保守統治エリートの間には、利害の合致だけでなく、階級利益を追求する権力闘争におけるダイナミックな相互補完性が見られる。ダイナミックというのは、新右派転換が一気に成し遂げられるのではなく、寄せては返す波のように相互が補完しあい連携を強める動的なプロセスのなかで、やがて貫徹されていくからである。

新自由主義が欲望や情念を煽る「消費」文化を礼賛するかたわら、国家主義が「国民」とその道徳を説き、「行きすぎた」自由や個人主義をいさめ、はたまた他国との緊張関係を利用してナショナリズムを焚《た》きつけて、トランスナショナルなパワーエリートと一般市民の間に開くばかりの階級格差から注意を逸らす、というマッチポンプ的な共犯関係である。

理念的な親和性と利害の合致に支えられている以上、新自由主義と国家主義は表面上の矛盾にもかかわらず、かえってこのように政治的には強固な補完性を示すのである。グローバル化で生活が苦しくなった一部の中小企業経営者や労働者が、ナショナリズム言説に誘惑される一方で、逆にまた、靖国参拝や歴史修正主義に眉《まゆ》をひそめる中間層が構造改革路線やアベノミクスへの期待から小泉や安倍を支持しつづけるという現象が起きるのである。

さまざまな自由主義

いささかわかりにくい自由主義や新自由主義などの用語について、ここで少し補足しておきたい。西洋の近代化の過程において、政治、経済、社会など多岐にわたる分野で絶対王政や封建主義の遺制そして前近代の旧弊などから、個人を解放しようと勃興《ぼっこう》する中産階級（ブルジョワジー）が担った合理主義的な思想潮流が、自由主義であった。イギリスを例にとれば、著名な思想家としてジョン・ロック、アダム・スミス、J・S・ミルなどを挙げることができる。

もともとの自由主義はロックやミルで知られるように所有権だけでなく、参政権、革命権、そして言論や表現の自由などの政治的自由をも信奉したのである。このうちスミスのような、自由市場や自由貿易を強調し、政府介入を拒絶するいわゆる自由放任（レッセ・フェール）の経済的自由主義を、のちに古典的自由主義（Classical Liberalism）とも呼ぶようになった。

その理由は、一九世紀の終わりから二〇世紀の頭にかけて、自由主義思想の大転換が起きたからである。工業化を遂げる近代都市に貧困や暴力、無知、アルコール依存症がはびこる現実を前に、個人の本当の意味での自由のためには単なる放任ではだめだという認識が生じた。福祉や教育など社会政策面における政府介入を、むしろ個人を真の意味で自由にするものとして唱道したこの考えは、（紛らわしいことに）当時、新しい自由主義（New Liberalism）と呼ばれた。

現在、日本やアメリカなどでリベラルあるいはリベラリズムと通常呼称するのが、まさにこれであり、社会権につながる思想を生んだことから社会的自由主義（Social Liberalism）といわれることもある。衣食住や教育、文化などが最低限保障されてはじめて個人は理性にもとづく自己決定(自律または積極的自由)ができるとするこの新しいリベラリズムがその後優勢となり、二〇世紀の二度の世界大戦を経てケインズの影響下で全盛期を迎える。

これに批判的なハイエクらの古典的自由主義が、今度は新自由主義(Neoliberalism)と呼ばれた。そのこと自体が、自由主義の主流が交代していたことを示すものといえる。ハイエクらは、自立自助の精神を失った個人は隷属状態にあり、ふたたび政府介入から解放(消極的自由)する必要があると論じた。

本書では、特に説明がない限り「自由主義」をもって矛盾も内包した最も広い意味での自由主義を指し、そのうち特に福祉や教育など公共セクターの役割を重視する立場をカタカナで「リベラリズム」(あるいは「リベラル」)、逆に私企業の役割や自由放任を強調する立場を「新自由主義」と呼び区別することとする。

新右派連合の変容

本章の冒頭で、日本政治が右傾化しているか否か、解釈が割れていることについて触れた。新自由主義と国家主義のダイナミックな補完性の背後にある相互の矛盾ないし緊張関係を踏まえると、いずれに着目するかによって異なった評価が導きだされていることが理解できるだろう。新右派転換がどのようにして始まり、寄せては返す波のように時間を経るなかで、どのように変容していったかを分析することが、わかりにくい右傾化の実態を解き明かす鍵《かぎ》になる。

新右派転換の萌芽期に先行したのは、新自由主義であったが、これはより広範な自由主義のなかでの新しい展開として、あくまでもその一部であった。一九八〇年代から一九九〇年代の前半にかけて、中曽根、次いで小沢が新右派転換を率いた段階では、政治、経済、社会の「自由化」、言い換えれば「多元化」あるいは「流動化」が主たる争点だったのである。

たとえば、中曽根政権下の教育改革の議論では、もともとタカ派の首相が教育基本法改正や道徳教育に意欲を燃やしていたように、国家主義的な傾向がかいま見られたにしても、現実に大論争となったのは学校教育への市場原理の導入や個性重視の教育など「教育の自由化」の是非であった。こうして始めの頃、新自由主義は従来の保守（旧右派）とも革新とも一線を画し、東西冷戦によって凍っていたともいえる保革対立の構図に大きな変化（いわゆる「改革」）を迫るものであった。

すでにこのときより国家主義が新自由主義を伴走していたのだが、中曽根や小沢の国家主義もまた、後に比べるとまだ復古主義的傾向が抑制されており、未来志向の国際協調主義的な発想によって特徴づけられていた。多元的な国際社会のなかで、日本として経済的にも軍事的にもより大きな役割と責任を果たしたいという目的が、日本の「国柄」を取り戻すというような復古主義に優先したのである。靖国公式参拝を一旦は実行した中曽根が、中国や韓国の反発を受けて参拝そのものさえ中止したのは、中韓の理解なくして自衛隊の海外活動への制約撤廃はままならないという判断を示したものであった。

しかし新右派転換が進展を遂げ、いわばその政敵にあたる革新勢力と旧右派連合がそれぞれ一九九〇年代半ばと二〇〇〇年代初期までに瓦解《がかい》すると、新右派連合が当初掲げた「自由」の価値は急速に内実を失っていった。勝利を収めるなかで新右派連合は変容してしまったのである。自由主義的な国際協調志向は単なるレトリックへと堕し、歴史修正主義に導かれる復古主義的な国家主義が前面に躍り出る一方で、自由市場や自由貿易を看板にしているはずの新自由主義も、事実上「企業主義」ともいうべき偏りを覆い隠そうともせず、ひたすらグローバル企業の「自由」の最大化すなわち寡頭(少数派)支配の強化を追求するものへと変質していった。

こうして二〇年以上前に「政治の自由化」として始まった新右派転換が、いつしか今日の「反自由の政治」をもたらしたプロセスを解明することが本書のねらいである。次章ではまず、新右派連合が葬り去った五五年体制下の旧右派連合と革新勢力を振り返るところから論を立てることとする。

第一章　五五年体制とは何だったのか

――旧右派連合の政治

1　二つの歯車——開発主義と恩顧主義

世界的な「国民政党」の時代のなかの五五年体制

戦後まもなく現れた米ソ冷戦構造の文脈のなかで、日本国内においても保守と革新の対立構造が形づくられた。一九五五年一〇月に左右に分裂していた日本社会党が再統一を果たすと、翌一一月には保守合同が実現し自由民主党が誕生した。さまざまな変化を内包しつつも大枠において一九九三年までつづいたこの政治システムは、五五年体制と称され、三八年の長きにわたって自民党が事実上一貫して単独で政権を掌握しつづけた一党優位制であった。そのなかで最大野党の社会党は次第に政権交代の実現可能性を見失うに至ったが、政策面では保守政権の歯止めとなり一定の影響力を保持しつづけた。

戦後期における保守一党優位制という政党システムとして、日本の自民党の長期政権は際立っているが、まったく類例がないとまではいえない。たとえばイタリアにおいては、通常単独ではなく連立政権であったが、中道右派政党のキリスト教民主主義が戦後一九八二年まで首相ポストを独占し、その後も一九九四年に政治腐敗にまみれて解党となるまで一貫して最大与党の座を保ちつづけた。また一九五八年末に成立したフランス第五共和政においても、ド・ゴール主義政党を中心とした中道右派の優越がつづき、フランソワ・ミッテランの社会党が率いる左派陣営が政権奪取を実現したのはようやく一九八一年のことであった。

こうしたなか、日本の社会党と同様に最大野党として長期保守支配を牽制し、政治システム全体のなかで一定のバランスを担保する役割を担ったのが、イタリアでは共産党、フランスでは社会党であった。他方でイタリアのキリスト教民主主義、フランスのド・ゴール主義政党の優越政党内部においても、国民統合と階級間妥協を重視する「社会派」が重きをなし、長期にわたる政権の維持を可能にしていた（なおイタリアでは、一九六三年より社会党が連立政権に参画し、一九八三年には首相ポストを手中にしている）。

こうした穏健な保守政党のありようは、中道左派への政権交代がもっと早くから実現していたイギリス（保守党）や西ドイツ（キリスト教民主同盟）においても共通している。イギリスにおいては、経済政策などをリードした保守党のラブ・バトラーと労働党のヒュー・ゲイツケルの名前を合成して「バッツケリズム」とも称されたほどの「コンセンサス政治」が、概ね一九七九年にサッチャー政権が誕生するまでつづいた。西ドイツでは、経済大臣や首相を歴任したキリスト教民主同盟のルードヴィッヒ・エアハルトが中心となって打ち立てた「社会的市場経済」をやがて階級闘争路線を放棄した社会民主党（社民党）も受け入れるところとなり、今日に至るまでドイツ経済のあり方を大きく規定している。

アメリカの共和党についても、「ロックフェラー・リパブリカン」（ニューヨーク州知事で有力な大統領候補でもあったネルソン・ロックフェラーに由来する呼称）といわれたリベラル派が一九六〇年代半ば頃まではエスタブリッシュメントとして主流を占め、一九八〇年にレーガン大統領が誕生するまで一定の影響力を持っていたのであった。

このように冷戦を背景として、階級間妥協にもとづく「国民政党」（あるいは「包括政党」）を志向する保守政治が、戦後期しばらく世界的に展開されていたことが指摘できる。日本において五五年体制下、自民党のなかでこうした政治のあり方を担った政治勢力を本書では「旧右派連合」と名づける。

吉田ドクトリンと旧右派連合の形成

旧右派連合というのは、むろん新右派連合に対する概念として提示するものであり、戦後直ちに、あるいは常に、自民党政治を特徴づけていたのではない。ただ大づかみに述べれば、岸信介退陣を経て池田内閣の成立によって安定的な軌道に乗り、一九七〇年代に田中角栄政権から大平正芳政権にかけてピークを迎えたといえる。

再統一を果たした日本社会党の脅威への対応から余儀なくされた保守合同であったため、一九五五年の結党時の自民党の内実は、旧自由党系と旧日本民主党系に分かれていたのみならず、さらに細分化された派閥の連合体と言ったほうが相応しいものであった。しかし、反吉田茂路線でつづいた旧民主党系の鳩山一郎、石橋湛山《たんざん》、岸の各政権が、ついに日米安全保障条約改定の混乱のなか終わりを告げると、旧自由党系の池田勇人と佐藤栄作の率いる二つの派閥が、外交安保政策は低姿勢に徹し経済成長を最も重視する「吉田ドクトリン」への回帰を進め、「保守本流」としての地位を確立していった。反対に、「逆コース」を急ぐあまり、社会党、労働組合、市民運動や学生運動などの革新勢力との対立を先鋭化させ、六〇年安保という戦後最大の保守支配の危機を招いてしまった岸ら旧民主党系は「保守傍流」に甘んじることとなる。

こうしたことから、本書でいう旧右派連合と、吉田ドクトリンを奉じた保守本流は大いに重なるところがあるが、保守本流が旧右派連合と同義であるとまではいえない。たしかに、吉田ドクトリンの一方の車輪をなす外交安保や憲法問題の棚上げという点では、岸ら保守傍流は完

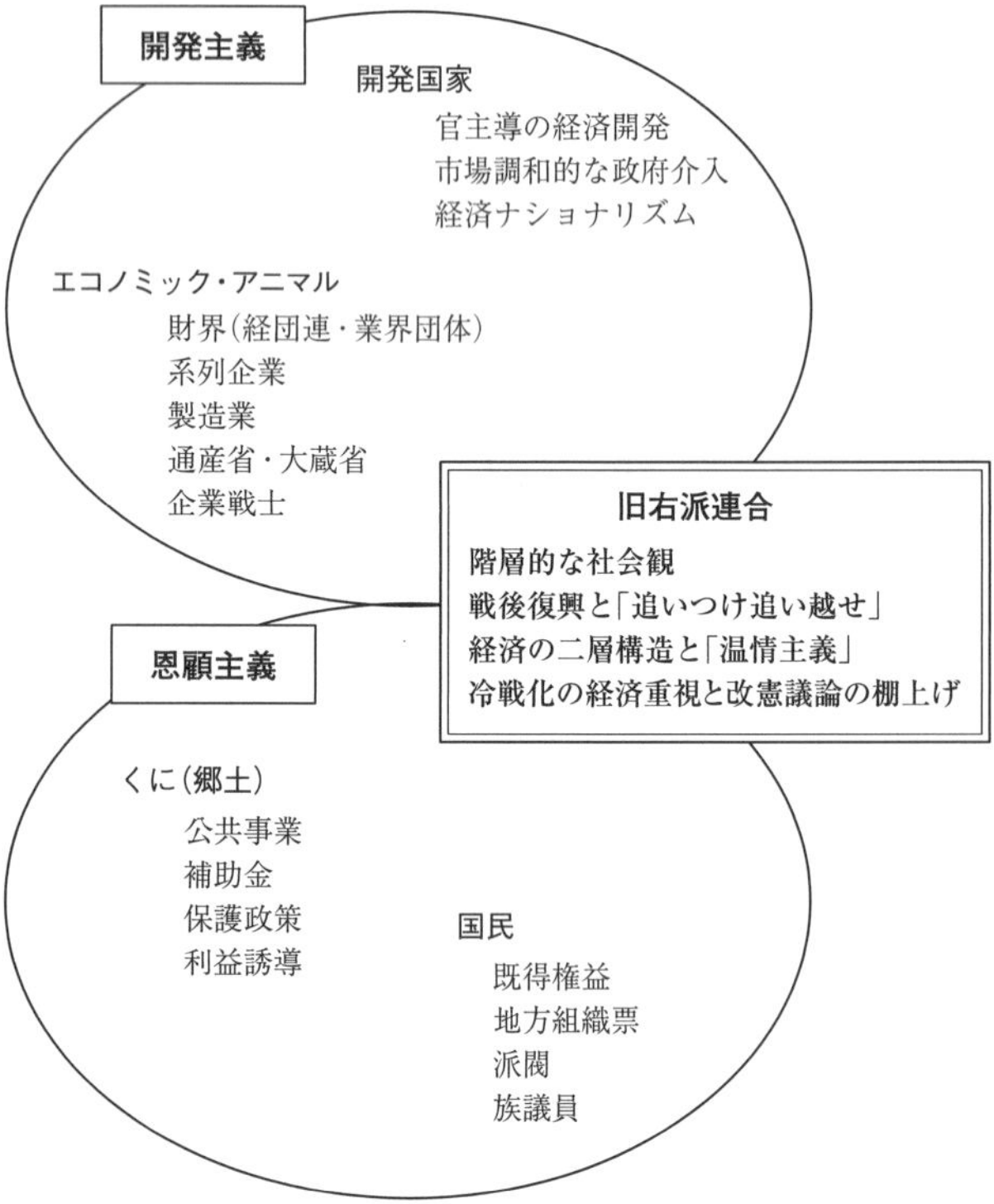

図3　日本の旧右派連合

全に主導権を失った。

しかし、もう片方の車輪をなす経済成長の実現による階級闘争の沈静化と国民統合の実現については、吉田が好んだ古典的な自由主義経済と均衡財政ではなく、むしろ国家社会主義的な政策志向を有し、経済計画や福祉国家の整備に努めた旧商工省の革新官僚出身の岸や、硬軟取り混ぜた労使協調主義で戦後労政に一時代を築いた石田博英(石橋や三木武夫の側近であった)など、保守傍流の人脈の影響も決して無視できないものがあるからである。

実際のところ、「国民所得倍増計画」は池田内閣の看板政策として知られるが、吉田が消極的だった長期経済計画を初めて立ち上げたのは鳩山であり、本格化させたのは岸であった。岸はまた、最低賃金法や国民年金法を成立させ、国民皆保険へ向けて国民健康保険法を改正している。一九六六年に労使協調路線を謳った自民党労働憲章の策定を手がけた石田博英にしても、石橋・第一次岸内閣で内閣官房長官の任にあたった後、第一次岸改造内閣を皮切りに池田・佐藤・福田と四回にわたって労働大臣を務めたのであった。

いうなれば、旧右派連合成立の前提条件として、自民党政権全体による吉田ドクトリンの受容すなわち独自外交や自主憲法の棚上げによる経済成長重視路線の確立が必要であったのは間違いないが、保守本流のはめた大きな枠のなかで、保守傍流もまた旧右派連合の形成に貢献していったのである。それは、いささか単純化して述べるなら、官僚派の政治家や経済官庁が中心的な役割を果たした「開発主義」と党人派が強みを発揮した「恩顧主義(クライエンタリズム)」の連合であった。

旧右派連合とは(一)——開発主義

チャルマーズ・ジョンソンらが詳細に分析した「発展指向型国家(developmental state「開発国家」とも訳される)」主導の産業政策(『通産省と日本の奇跡』)など、積極的な政府介入を通じた経済開発の諸政策が、旧右派連合の柱の一つであった。これは、経済における国家の役割を市場競争の法的規則や手続きの整備と執行に留めるアメリカ流の「規制指向型国家(regulatory state)」と対比されたもので、戦後日本を典型とする発展指向型国家(開発国家)では、国家が国全体の経済目標を設定し、さらに国家主導でその実現をめざす開発主義をとったことが指摘された。

戦前の商工省や軍需省の流れを汲む旧・通商産業省(現・経済産業省)などの経済官庁が、行政指導や天下り人脈などを駆使した介入を行い、産業振興策を矢継ぎ早に打ち出していったのである。満洲国などにおける戦時の経済統制の失敗を含めた経験がその基盤をなしており、市場における競争を排除しないかたちで(「市場調和的」な介入によって)経済計画の遂行を目指したものであった。なお、そうした政官業エリート間の緊密な連携を下支えしたのは、「アジア太平洋戦争には負けたが、経済戦争に負けてはならない」というある種の経済ナショナリズムであったとされる。

ジョンソンの論考にはその後さまざまな批判や修正が提示され、大きな論争を巻き起こしていったが、大筋として、官主導の経済開発をもって日本型経済モデルとする捉え方は広く受け入れられていった。

事実、国家の重点的な支援と保護の対象となった産業や企業は、政府系金融機関の積極的な融資や租税特別措置などを通じて優遇され、やがて日本製品が海外市場を席巻《せっけん》したのであった。官民一体となった輸出振興の結果、日本は膨大な貿易黒字をあげつづけるようになっていった。そのための安定的な生産体制を支えたのは、一つにはメインバンクによる資金供給や系列内企業間の取引などのもつ長期的な視野に立った安定性であり、もう一つはいわゆる年功序列制や終身雇用制などを通じた雇用の安定によって図られた労使協調であった。

さらに述べるならば、こうした官主導の開発主義政策の最大の前提条件となったのが、保守一党優位制の長期政権がもたらした政治の安定であったことは間違いない。図式化していうならば、保守政治が革新勢力からの批判や攻勢の防波堤となることによって、経済官庁と財界との緊密な「官民協調」によって輸出振興や経済成長が実現し、それによって今度はさらに自民党支配の社会経済的条件が整備されるという循環が成立したのであった。

旧右派連合とは(二)――恩顧主義

むろん日本社会党の率いる革新勢力がまだ強かったこの時代に、政権交代を阻止しつづけ自民党による保守長期政権を維持することは、本来容易ならざることであった。吉田ドクトリンは、まさに保革対立が先鋭化する危機を避けるために外交安保や憲法改正といった争点を棚上げし、経済成長の実現によって国民諸階層に切り分けられるパイを毎年大きくすることを通して階級間対立を緩和しようという戦略であった。そのため開発主義の成功が不可欠であったが、同時に、階層的な社会を温存しつつも、経済成長の果実を一定程度再分配することが重要だと考えられた。これこそが旧右派連合のもう一翼を担った恩顧主義である。

そもそも開発主義が機能するためには、経済の二層構造がその前提となっていた。経団連トップ企業が海外市場でシェアを拡張していく国際競争力をもつためには、国家の保護や支援だけでは不十分であり、コストを外部化できる経済構造もまた必要なのである。つまり、賃金などの生産コストを下げることを可能にし、景気の後退局面ではそのショックを身代わりとなって吸収する下請けなどの系列企業、そしてまた、社会不安を起こさずに合理化された余剰人員を吸収できる労働集約型産業の存在である。ここに恩顧主義がはびこる土壌が見られたわけである。

自動車や消費者家電などの競争力の高い産業で、世界に名だたる超優良企業がひしめき、日本の経済成長を牽引する一方で、それを下支えする中小零細企業もあれば、非効率な農業、建設・土木産業、流通業などもあり、そこへ万年与党たる自民党の政治家が補助金や公共事業を供給し、その見返りに票やカネを獲得する「パトロン―クライアント関係」ができあがった。田中角栄に象徴される利益誘導政治である。

「御三家」と称された農林族、建設族、商工族などの族議員が次第に自民党政務調査会（政調会）で発言力を増し、業界団体のもたらす組織票と政治献金を背景に政策決定に深く関与し、既得権益を形成し擁護する力をつけていった。こうした構図は、一方で経済的弱者を保護し、物理的な国民統合を担保する側面をもつが、他方で、経済的弱者の固定化と強者への従属を強化する側面を有した。派閥の領袖《りょうしゅう》や大物族議員など永田町に君臨するボスを頂点に、ヒラ議員、県議会議員、町議会議員へと親分・子分関係の連鎖として階層的に構成される恩顧主義の政治では、上位者からの庇護を受けるためには、その軍門に降《くだ》り忠誠を尽くさなくてはならないのである。田中派が「鉄の結束」で知られたのはこのためであった。

旧右派連合の保守性

憲法改正を棚上げし軽武装に徹するなかで経済成長を最優先し、国民生活全体の底上げによって階級間妥協を探ろうとした旧右派連合は、今日の新右派連合と比較して、明らかにより左方向に寄った、日本版「国民政党」をなしていたことが認められるだろう。

しかしながら、開発主義にせよ恩顧主義にせよ、階級間対立の抜本的な解消を目指したわけではない。むしろ、国家の権威の下で前近代的な価値秩序へ国民を統合するという、戦前からつづく国家保守主義（中野『戦後日本の国家保守主義』）が築いてきた階層的な権力構造のうえに成り立ち、その温存を図ったものであった以上、まぎれもなく保守支配の一形態であった。

国家主義的な衝動にしても、再軍備や歴史修正主義に向かう代わりに、戦後復興と「追いつけ追い越せ」というように、外に対しては「企業戦士」という言葉が象徴するような経済ナショナリズム、国内では補助金や公共事業の陳情を通じて地域間格差を縮小し「一億総中流」社会を実現することにはけ口を見つけていたのである。そういう意味での国民意識ないしナショナリズムは健在であり、リベラルな普遍主義や権利意識にとってかわられていたとはいえない。

旧右派連合の自民党にとってもっとも頼りになる二大支持母体といえば、開発主義のパートナーであった経団連と恩顧主義の象徴ともいえる農協が挙げられる。本来であれば利害が相矛盾する両者の連合を可能にしたのは、業界団体や社会全般に対する国家官僚制の権威の優越(官尊民卑)の伝統の下、企業戦士も農家も等しく国民意識を共有していたことであった。このうえで旧右派連合の政治にとっての好循環が実現し、「国民経済」は右肩上がりをつづけたのだった。

しかし、旧右派連合の接着剤として、ある意味ではこうした内的な要因以上に有効に作用したのは、共通の外敵としての革新勢力の存在であり、冷戦構造のもたらす政治システムの硬直性であった。革新勢力が、保守陣営を大きく制約するタガとして機能すると同時に、しかしまた政権交代を可能にする代替の選択肢となりえなかったことが、旧右派連合の存続にとって大いに幸いしたのである。

2　革新勢力――「三分の一」の役割と限界

冷戦のなかの保革対立

一九五五年秋に左右の社会党が再統一し、ついで自民党が結成されたとき、保革対立の基本構図ができあがったのだが、その際に勢いを見せていたのは社会党の側であり、とりわけその左派であった。保守合同はまさにそうした革新からの攻勢への対応として必要に迫られて実現した。

鳩山から岸へと自主憲法制定の論議が盛んになっていくなかで、再統一の直前の衆議院選挙で左右社会党は憲法改正の発議を阻止できる三分の一を超える議席を合わせて獲得し、逆コースの流れに立ちはだかった。日米安保条約の改定が国論を二分する大きなうねりとなっていく一九五〇年代末、自民党と社会党が相対峙する保革二大政党制が形成されたかに見え、やがて社会党が政権奪取を果たす日が訪れるというシナリオが現実味を帯びて語られた。社会党の主要な支持母体となったのは、自治労や日教組など官公庁系の労働組合を中心とした日本労働組合総評議会(総評)であった。

六〇年安保の渦中の岸政権末期に通産大臣を務めていた池田が、岸退陣後に首班指名を受け「所得倍増」「低姿勢」「寛容と忍耐」をスローガンに吉田ドクトリンを奉じた旧右派連合の政治へと舵《かじ》を切ったのは、革新勢力の脅威から保守党が政権を守りつづけるためにはやむを得ない側面が少なからずあったのである(伊藤昌哉『池田勇人とその時代』一〇四—一一七頁)。

しかし現実には、社会党は政権交代につなげるような勢いを持続することができなかった。

左派との路線闘争の果てに、右派の一部が早くも一九六〇年一月に再分裂をして民主社会党（のちに民社党と改称）を結成し、反共主義の色彩が濃く、労使協調を是とする民間労組を糾合した全日本労働総同盟（同盟）を支持母体としていった。旧右派連合と相当程度政策的立ち位置の重なる民社党は、実は結党当初、左派勢力を弱めることを狙ったアメリカ中央情報局（ＣＩＡ）から秘密裏に資金援助を受けていたことが、今日では明らかになっている（二〇一五年二月二二日、共同通信）。

左派が主導権を握る社会党への政権交代が、冷戦下でそれほどまでに懸念されていたともいえるが、わずか五年もしないうちに保革二大政党制が崩壊したことの意味は大きかった。その後も一九六四年に公明党が結成され、一九六〇年代末から一九七〇年前半にかけて日本共産党も躍進を遂げた。野党多党化の流れのなかで社会党の相対的なウエイトは低下せざるを得なかったが、それでもまだ最大野党の地位には安住できた。民社・公明の両党も憲法改正反対の姿勢は堅持したので、革新勢力への政権交代の実現可能性が遠ざかっていく一方で、合算すれば「三分の一」を超える保守への強い制約が、その暴走を未然に防ぐ大きな構図は維持された。

革新自治体と伯仲国会

結果として社会党の議席獲得率は、一九五八年衆議院選挙での三五・五%をピークとして、あとはじわじわと少しずつ下がっていくこととなったのだが、民社党の分裂後も、党勢の回復のための努力がなされなかったわけではなかった。

浅沼稲次郎委員長が右翼少年に暗殺された際に書記長の任にあった江田三郎は、一九六〇年に提唱された漸進主義的な構造改革論にひきつづき、一九六二年、「アメリカの平均した生活水準の高さ」「ソ連の徹底した社会保障」「イギリスの議会制民主主義」「日本の平和憲法」からなる「江田ビジョン」を発表して世論の大きな反響を得た。

しかし右派の民社党が分離したことにより党内で影響力を強めていた左派との路線闘争に敗北し、逆に一九六四年、福祉国家建設を資本主義の延命策として斥けるといった教条主義的なマルクス主義の論理に強く規定された『日本における社会主義への道』を社会党は綱領的文書として採択する。これにより、一九五九年に西ドイツ社民党が「社会的市場経済」を明確に受け入れ、階級政党から国民政党への脱皮を宣言した「ゴーデスベルク綱領」を採択、一九六六年には大連立で政権参加、一九六九年にヴィリー・ブラント首相を誕生させた流れと大きく異なる道を日本社会党は歩んでいくことになる。

それでも高度経済成長に伴う都市化や工業化のもたらすさまざまな問題は、自民党政権への批判を社会党への支持に換える潜在的なチャンスを提供した。社会党内部でも、六〇年安保での敗北を受けて、社会主義固有の中央集権的発想から出ていた国政偏重の政治姿勢を見直す機運が高まってきていた。

こうして、行き詰まった国政を横目にして民主主義の実践と平和主義の擁護は地方からとばかりに、一九六三年、衆議院議員から転じた飛鳥田一雄《あすかたいちお》が横浜市長に当選したのを皮切りに「革新自治体」の時代が幕を開ける。一九六七年には美濃部亮吉の革新都政が実現した。一九七三年には当時九つあった政令指定都市のうち六市までもが革新市長に率いられており、一般市を見ても一九七四年時点で都市人口の四割近くまでが革新自治体に住んでいる計算になった。都道府県レベルでは一九七五年に東京、大阪、京都、埼玉、神奈川、滋賀、岡山、香川、沖縄で最多の九革新自治体が存在した。

おりしも一九七〇年代半ば、国会においても与党自民党の議席が過半数をわずかしか上回らず、激烈な派閥抗争とあいまって、厳しい議会運営を迫られる「保革伯仲《はくちゅう》」情勢が生まれていた。岸の流れを汲み、本来ならタカ派に位置づけられる福田赳夫《たけお》の政権（一九七六―一九七八年）さえ、総じて旧右派連合の枠組みをはみ出ない安全運転を強いられたのはこのことを反映していた。じわじわと支持を下げていたのは社会党のみならず、自民党とて同じであった。

中道の成立と保革対立構図の揺らぎ

しかし最終的に革新自治体の時代は一九七〇年代末に、社会党委員長に転じた飛鳥田や三選を重ねた末の美濃部などが次々と首長の座から退くと終わりを迎えた。一つには、革新自治体の始めた政策を旧右派連合の自民党政権が国政レベルで吸い上げていったことがあり、またもう一つには政権与党と結託した中央官庁が財政や行政手続きなどさまざまな面で革新首長たちを追い込んでいったこともあった。

さらに重要なのは、社共共闘の成功に危機感を募らせた民社・公明両党などが、革新とは一線を画し、野党共闘の枠組みからの共産党排除を主張する、中道アイデンティティに転じていったことである。国政レベルでも議会運営の必要から、自民党がいわゆる「自公民」路線をとり、両党と連携を強めていたことがこうした変化に拍車をかけた。一九七六年には、自民党から分裂した新自由クラブ（新自ク）も躍進を遂げており、この時期の中道は、以後の政局の主導権を握るばかりのにぎわいを見せた。

こうして革新首長は、保守中道候補にとって代わられるか、自身が共産党を除く保革相乗りのオール与党候補となって生き残るかのどちらかになってしまい、革新自治体の成功は、国政レベルでの政権交代に結びつかなかった。同様に一九七〇年代に都市部を中心に社会党と共産党の連携による革新自治体が広がりを見せたフランスで、一九八一年に社会党のミッテラン大統領が政権交代を成し遂げ、共産党との連立内閣を樹立したのと対照的な結果に終わったのである。

それどころか国政においても社会党は、共産党との共闘持続を主張する左派と非自民・非共産の「社公民＋新自ク」協力にもとづく政権構想を提唱する右派の江田らとの間の対立が激化した末に江田が離党（まもなく死亡）、一九七八年に社会民主連合（社民連）が結成された。

一連の路線闘争のなかで左派に対する批判も高まり、これをきっかけに社会党も一九八〇年代より中道諸政党との連携方針に転じていく。しかし、中道の成立によって保革対立の構図が揺らぎはじめたなか後手後手の対応に終始し、漸進主義的な戦略による政権獲得のために「革新の革新」の必要を一貫して主張しつづけた江田というリーダーを失い、主体性のはっきりしない「社公民」路線へと転換していった。

3　なぜ旧右派連合は破綻したのか

成功の代償

五五年体制において保革対立が基本構造となっていたにもかかわらず、保守の危機は、政権交代を迫る革新が直接にもたらしたものではなかった。旧右派連合の成功によって革新の脅威をやりすごした保守が、しかしやがて旧右派連合そのものの内在的な論理のほころびに直面せざるを得なくなっていった。つまり、旧右派連合は成功を収めたが、成功には支払わなくてはならない代償があったのである。

旧右派連合を牽引した開発主義は、文字通り、大きな成功を収めた。保守本流の池田、佐藤、田中と政権がつづくなかで、高度経済成長によって戦後復興が成し遂げられ、一九六四年には経済協力開発機構（ＯＥＣＤ）への加盟を果たし、また東京オリンピックを開催、先進国の仲間入りを印象づけた。一九六八年には西ドイツを抜いて国民総生産（ＧＮＰ）が西側諸国でアメリカに次ぐ第二位となった。

対外的には、開発主義の成功は貿易摩擦を引き起こした。とりわけ日米間においては繊維、鉄鋼、電化製品、自動車、半導体、そして農産物というように、一九六〇年代以降少なくとも一九九〇年代までひっきりなしといっていいほどの外交問題でありつづけた。とりわけ一九八〇年代には、ジョンソンによる開発主義経済モデル分析を端緒とした「日本異質論」と呼ばれる批判の声が大きくなり、「安保ただ乗り論」をも惹起《じゃっき》した。一九九〇年代からは安全保障面での「国際貢献」の要求とともに、規制緩和など内政にも大きく踏み込んだかたちでアメリカから市場開放が迫られるようになっていく。開発主義そのものが標的となり、その解体が要求されたのである。

また、さきに開発主義が機能するためには、外部化される経済開発のコストを引き受ける恩顧主義が不可欠であったことを論じたが、国内においても、そうしたコストの増大に伴い、恩顧主義の規模と作用に対して、財界や都市中間層（サラリーマンなど）からの批判が高まっていった。例えば、都市化と工業化の進捗により経済成長が成し遂げられたが、それらと表裏をなすかたちで農村部における過疎高齢化もまた深刻となった。経済的自立のめどが立ちようもない農村部は、利益誘導の政治の格好の顧客となったわけであった。だがこうした補完関係が、旧右派連合にとって好循環を生みつづけるためには、開発主義の受益者たちが恩顧主義に沈殿していくコストを我がものとして容認することが前提条件であった。

旧右派連合の「コスト」

旧右派連合の大枠を定めた吉田ドクトリンが、端的にいってしまえば、経済成長の成果すなわち「カネ」によって、保守支配下の国民統合を担保しようというものであった以上、旧右派連合の金銭的コスト負担に関する国民意識の共有という前提が崩れていけば、システムとして破綻《はたん》してしまうことになる。旧右派連合を下支えするカネの循環には、公と私の二種類の経路があった。

公的な金銭的コストとは、すなわち財政負担である。東京オリンピック直後の一九六五年にそれまで維持してきた均衡財政が崩れて初めて国債が発行され、その後一九七五年から本格的な赤字国債の発行が始まる。その結果、税収を上回る歳出を国債の発行によってまかなう財政赤字体質が深刻化していったのである。こうして十分な税収をあげられないまま公共支出の増大が進むという状態が、旧右派連合のいわば持病として浮かび上がってきた。言い換えれば、消費税などの大型間接税の導入を含めた税制改革と公共支出の削減・見直しという二つの連動する課題への対処が旧右派連合の前に立ちはだかったのであった。

他方、旧右派連合による統治システムを維持するための私的なカネの循環とは、カネのかかる金権選挙であり、汚職や談合などの政治腐敗であった。また、スムーズな国会運営のために、共産党を除く野党に対する金品の授受を含んだ裏取引が横行した「国対政治」が、中道勢力の伸張と革新陣営（社共）の分断以降、本格化していった。

派閥や族議員、国対（国会対策委員会）が跋扈《ばっこ》するバラマキ政治や金権政治と批判されるに至ったこうした旧右派連合支配のあり方は、保守本流として主導権を握ってきた宏池会（池田・大平・宮澤派の系譜）と佐藤・田中・竹下派の系譜に対して、党近代化を掲げて保守傍流の福田や三木らが挑んでいく大義を与えることにもなった（中北浩爾『自民党政治の変容』）。

むろん社会党をはじめとした野党側からも、旧右派連合のもと募る一方の金銭的コストへの批判は展開された。だが、自民党政権の行きすぎに反対はするけれど（オポジション）、代替する選択肢（オルタナティブ）たりえていないという意味で、いつの間にかこうした統治システムに取り込まれていることに起因する迫力不足は否めなかった。

自由化と包括性

民主主義論の古典『ポリアーキー』においてロバート・ダールは、民主化には二つの座標軸

（次元）があると指摘し、それらを「自由化」と「包括性」と呼び、双方が実現している政治体制をポリアーキーと称した。自由化とは、政権与党に反対し競合する政治勢力が存在し、ひいては政権の座をめぐる多元的な政党間競争が常態化していることを意味し、他方、包括性とは、政治参加の機会が広く市民に与えられているかを問題にする概念である。

これら二つの形式的要件を満たしているかどうかを尺度にしたとき、戦後日本はまがりなりにもポリアーキーすなわち自由民主制として存立してきたといえるが、政権交代の可能性を有した競争的な政党システムを形成しえなかった点で、五五年体制は「自由」度が低い政治システムにとどまったといわざるをえない。冷戦の終盤期に入り、豊かさのなかで人びとが選択の自由を強く希求するようになってくると、旧右派連合と革新勢力はともに大きな危機に瀕することになる。

冷戦が終焉に向かうなか、硬直的な五五年体制が解凍されたかのように、多元的で流動的な政党間競争や有権者の自由で移り気な選択で特徴づけられる「政治の自由化」の幕が上がったのである。

第二章　冷戦の終わり

――新右派転換へ

1　新自由主義の時代へ

冷戦末期の国際政治経済

新自由主義が単なる思想的な学派としてではなく中道右派勢力の新右派転換を推し進めるイデオロギーとして、政治経済に実際の影響をもたらしたのは、先にもふれたように、イギリスで一九七九年にサッチャーが政権についたり、アメリカでレーガンが翌一九八〇年に大統領に当選したりしてからのことであった。冷戦の文脈のなかで新自由主義が当初登場したときは、より広範な自由主義的な流れの一端として受け止められていた。

冷戦構造のなか戦後多くの西側諸国において、ともに国民政党たることを志向する中道右派と中道左派の政治勢力が一定のコンセンサスにもとづいた政治を展開していたわけだが、階級対立の緩和を通じて国民統合を優先する政治は、社会に安定をもたらし、貧富の差の拡大をくい止める傾向があった。その一方で、一つには、どちらの政党が勝っても政策的に大差なく、有権者にとって選挙を通じた政策選択の幅が狭いという不満、またもう一つには、公共セクターの拡大によって民業が圧迫され、市場競争を通じた消費者の選択の自由が不十分になっているという批判にさらされるところとなった。

そうしたなか福祉や教育分野などでの公共支出の削減で不評を買ったサッチャーも、公営住宅の払い下げ政策では支持を得て、民営化、規制緩和、ポンド高によって沸く株式市場とあわせて住宅市場も活況を呈し、中間層や富裕層の物質的な繁栄を背景にした消費者文化の開花をもたらしていった。自己利益や物欲の追求を肯定してくれることは新自由主義の「魅力」であるに違いなく、「持てる者」たちを束縛や自制から解放する面が少なからずあったのである。

こうした自由化への流れは、資本主義陣営に留まらず、やがてソ連においてもミハイル・ゴルバチョフが一九八五年に書記長に就任、ペレストロイカ(改革)やグラスノスチ(情報公開)を進めていく。アジアでも、中国で毛沢東が一九七六年に死去、一九七八年より鄧小平が改革開放を掲げ、市場経済への移行が始まっていた。また長らく軍事独裁政権がつづいた韓国においても、一九八〇年代に民主化運動が激化、ついに一九八七年に民主化宣言が発せられた。

自由とりわけ経済的自由への希求を軸に世界が大きく変わっていくさなか、日本の旧右派連合もまた第一章のおしまいで言及した外交や財政面での「コスト」への対応を余儀なくされていた。

国際協調主義の展開

こうした問題意識をいち早く表明していたのは大平正芳であった。米中の接近とドルと金の兌換《だかん》停止によるブレトン・ウッズ体制の終結という二つのニクソン・ショックのさなかの一九七一年にすでに次のように述べていた(大平正芳『風塵雑俎』九七―九八頁、福永文夫『大平正芳――「戦後保守」とは何か』八―九頁)。

わが国は、いまや戦後の総決算ともいうべき転機を迎えている。(中略)なりふりかまわず経済の海外進出を試みたが、まさにその進出の激しさの故に外国の嫉視と抵抗を受けるようになってきた。対米協調に運命を委ね、ことさら国際政治への参加を避けてきたが、まさにドル体制の弱化の故に、けわしい自主外交に立ち向かわなければならなくなってきた。国をあげて自らの経済復興に専念してきたが、まさにわが国の経済の成長と躍進の故に、国際的インサイダーとして経済の国際化の担い手にならざるを得なくなってきた。

これはまさに大きい転換期であるといわねばならない。この転換期に処して、これからの方向を誤らないことが政治の使命である。わが国民は、たしかにこの試練を乗り切るに足るエネルギーをもっている。ただ、このエネルギーの活力ある展開を促すためには、政治の姿勢を正し、政策軌道の大幅な修正を断行しなければならない。

大平は一九七八年末に首相となるわけだが、大嶽秀夫が指摘したように、こうした自由主義的な国際協調へのコミットメントを明確に打ち出したことでは、「大平がその転換点に立つが、大平のブレーンを引き継いだ中曽根はその転換を完了させた」といえるのであった（『自由主義的改革の時代――一九八〇年代前期の日本政治』二六三頁）。

国際協調主義（Internationalism）とは、端的には日本国憲法前文の「いづれの国家も、自国のことのみに専念して他国を無視してはならない」という普遍的な「政治道徳の法則」だが、より具体的には、自由主義的な多国間対話や経済文化交流などを重視した諸外国との協調的な外交姿勢を指すといって差し支えない。

日本の場合アメリカとの安保条約を中心とした外交関係がもっとも重要であること、そしてまた実際国際社会におけるアメリカの発言力が強大であることから、国際協調は対米協調と少なからず重なるところがあり、しばしば同義にさえ理解されるが、アメリカ自体がしばしば単独行動主義や孤立主義に陥るように、実は必ずしも国際協調を体現しているわけではない。上記引用文で大平が「対米協調」と「国際政治への参加」を区別しているのはこのためである。

興味深いのは、中曽根政権のスローガンとして後に有名になった「戦後政治の総決算」の原型となった「戦後の総決算」という表現も大平が初めて使っている点で、実は、日米関係を「同盟」と明言したり、日本を米国にとっての「不沈空母」になぞらえたりしたのも、大平が中曽根に先んじていたのであった（服部龍二『大平正芳　理念と外交』一七三、二一三頁）。福田内閣末期に在日米軍駐留経費負担（いわゆる「思いやり予算」）が開始、また「日米防衛協力のための指針（ガイドライン）」が策定されていた文脈でのことであった。

しかし大平の場合、日本がより積極的な外交を展開することになっても「方向を誤らないことが政治の使命」とあくまでも慎重であり、また「経済協力、文化外交等必要な外交努力を強化して、総合的にわが国の安全をはかろうとする」非軍事面での外交を強調した「総合安全保障戦略」を掲げていた（服部『大平正芳』一六五頁）。もともとタカ派として鳴らし、何かと復古主義的なナショナリズムへの思いを示した中曽根とは、安全保障分野を基盤とした対米協調と非軍事分野での国際協調の双方に置くウエイトが異なっていたのである。

また、田中内閣で外務大臣として日中国交正常化に尽力した大平は、首相として対中国政府開発援助（ODA）の端緒を開いた。これは中国で始まったばかりの改革開放路線を積極的に支持しようというものであり、こうした国際協調主義的なアプローチが一九九〇年代半ばまでの対中政策を規定することとなった（服部『大平正芳』一八五頁、毛里和子『日中関係――戦後から新時代へ』一〇八―一〇九頁）。

「ツケの政治」からの脱却

先に冒頭を引用した演説のなかで、大平は「政治不信の解消」を重要課題の一つと捉えており、そこでの主張もまた一九八〇年代の議論を先取りするものであった（大平『風塵雑俎』九九頁）。

もとより、今日のように変化のはげしい時代に、はてしなく多様化する国民の欲求を、余すところなく吸い上げることは不可能に近い。だからといって問題との対決を避けて、当面を糊塗するだけでは、矛盾は益々拡大し、問題は肥大化するばかりである。正直な国民の焦燥《しょうそう》と不満は高まり、政治不信の増幅は避けられない。

われわれは、このことを農政、医療、交通等の諸政策の低迷の中に痛いほど感ずるのである。目先の安きに走って、問題の解決を将来に延ばすやり方は、いわば「ツケの政治」である。それはやがて架空の信用を交換する融通手形の政治におちかねない。破綻は目に見えている。ツケを最後に支払わねばならないのは国民に他ならないからである。

これはまさに旧右派連合の政治のなかで国債への依存が強まっていくことへの懸念を表明したものであったわけで、大平は実際首相となって初めての閣議後の記者会見でも「政治が甘い幻想を国民にまき散らすことはつつしまなくてはならない。同時に国民の方もあまり過大な期待を政治に持って欲しくない」と述べたように(福永『大平正芳』二三一頁)、「小さい政府」路線への転換を明示的に志向した最初の内閣であり、実際に一九八〇年度から赤字国債発行額の削減を実現し、以後の公債依存度漸減傾向の先鞭をつけたのであった。また、失敗に終わったとはいえ、一般消費税導入を有権者に正面から訴えた首相としても大平が最初であった。

しかし、大平は同時に「人間的連帯の回復」をあわせて掲げ、「貧困者、老齢者、病弱者が繁栄の陰に取り残されがちである」ことなどを案じ、広い意味での教育によって「平和と豊かさの中に、分別と連帯感をもった人間」を形成していくことを「政治の最大の課題」と位置づけており(大平『風塵雑俎』一〇一頁)、これこそが首相就任後まもない一九七九年一月の施政方針演説で訴えた「文化重視の時代」の意味するところであり、「田園都市構想」がめざした理想であった（福永『大平正芳』二三三頁）。

すなわち大平は「文化重視の時代」にふさわしい積極的な政府の役割を思い描いていたのであり、単なる「小さい政府」論者であったとはいえない、と大嶽は指摘する。「財政赤字は、小さい国家への転換によってではなく、増税によって解決するつもりでいたのである。この点から言えば、大平から鈴木・中曽根への交替は、政策の重大な転換であったと言わなければならない」のである（大嶽『自由主義的改革の時代』三〇九―三一二頁）。

このように、外交安保と経済財政の両面において、旧右派連合のいわば「成功の代償」への対応を模索した大平に、新自由主義の萌芽を見てとることができるが、それはあくまでも旧右派連合の維持と発展のためであった。

中曽根個人の復古的な国家主義

新右派転換を日本に導き入れたのは、中曽根康弘であった。大平と中曽根は、戦後復興によって日本の経済力が飛躍し、国際協調の要請が政策対応を不可避としたという時代認識まで共有し、そこから大平は「文化重視の時代」の提唱へと向かったのに対し、「中曽根の「国際性」

には、ナショナリズムの復権という意味が込められていた」のであった（大嶽『自由主義的改革の時代』二六三頁）。

この大平との対比には歴然たるものがあった。「人間的連帯の回復」を目標に掲げた大平は「同族的連帯から地域的なそれへ、地域的なそれから国家的なそれへ、国家的なそれから国際的なそれへと進むものでなければならない」と言い切り（大平『風塵雑俎』一〇二頁）、国民的連帯をあくまでも国際協調主義の下位に位置づけたのだが、一九七八年に大平や福田赳夫らと総裁選を争ったときの中曽根は「包括的な民族の統合と発展」（中曽根康弘『新しい保守の論理』二〇一頁）を新たな政治目標として掲げていた。中曽根の国家主義は国際協調主義に昇華し霧消するようなものではなく、むしろ日本が国際社会に貢献するために九条を中心とした憲法改正や自主防衛の強化が必要であるという論法に見られるように、その復権こそが求められると主張するものであった。

これは大平が保守本流の継承者として、あくまでも吉田ドクトリンを堅持したまま旧右派連合の政治を新たな時代に適応させようとしていたのに対して、保守傍流に属し一貫してタカ派の国家主義者として鳴らしてきた中曽根が「経済の時代」の終焉や「戦後政治の総決算」を口にしたときは、吉田ドクトリンだけでなく旧右派連合の政治をも抜本的に見直すという重要な相違があったのである。

中曽根個人本来の国家主義はたぶんに復古調の反動的なものである。そうした側面が、首相となってからも靖国公式参拝や教育改革への執念にかいま見られた。中曽根の本音は、戦前の「修身」を評価し、戦後定められた教育基本法について「平和とか人権、人格、民主主義、そういう要素がちりばめられていて、世界的に見て類例がないほどいいこと尽くめが書いてあります。しかしながら、自分の国の伝統とか文化、共同体、国とか国家、責任義務、そうした縦を貫く背骨はほとんど持っていないのです」と嘆くところにあった（中曽根康弘『自省録――歴史法廷の被告として』一九五―二〇二頁）。

日米安保のなかの自衛力増強

しかしながら、実際の中曽根政権では首相本来の復古的な国家主義信条はかなり抑制される結果となった。首相の肝いりの教育改革の主舞台とされた臨時教育審議会（臨教審）は、教育基本法の改正という中曽根の宿願に立ち入らないことを明記して設置され、復古的な教育論も臨教審内部での現実の議論ではほとんど扱われず、教育の自由化の是非をめぐる論争に終始した。

靖国問題については、戦後首相として初めて一九八五年八月一五日に公式参拝を行ったが、中国の反発を招いた結果、「我が国が平和国家として、国際社会の平和と繁栄のためにいよいよ重い責務を担うべき立場にあることを考えれば、国際関係を重視し、近隣諸国の国民感情にも適切に配慮しなければならない」(一九八六年八月一四日「内閣総理大臣その他の国務大臣による靖国神社公式参拝に関する後藤田内閣官房長官談話」)として以後の参拝を取り止めた。

実はこうした論法は、この時期の国際協調主義の性格をよく表しており、一九八二年に教科書問題が中国や韓国との間に起きた際への対処として、中曽根の前の鈴木善幸内閣で教科書検定基準に盛り込まれた、いわゆる「近隣諸国条項」の「近隣のアジア諸国との間の近現代の歴史的事象の扱いに国際理解と国際協調の見地から必要な配慮がされていること」(『義務教育諸学校教科用図書検定基準』および『高等学校教科用図書検定基準』)という記述と共通している。

日本が国際社会でいっそう大きな役割を果たしていくために、過去の反省にもとづき、中国や韓国に「配慮」をしなくてはならない、という国際協調主義の大前提が、こうして中曽根の国家主義的志向をも囲い込んでいたのであった。

それもそのはずである。「田中曽根」内閣と揶揄《やゆ》された第一次中曽根内閣は、ハト派で知られた内閣官房長官の後藤田正晴を含む七名もの閣僚を田中派に依存し、党幹事長までも田中直系の二階堂進であった。また「審議会政治」と呼ばれたほどにブレーン集団を第二次臨時行政調査会(臨調)や臨教審など首相直結の審議会で多用し、トップダウン型の政治手法をめざした中曽根であったが、佐藤誠三郎、香山健一、公文俊平ら主力ブレーンの多くが旧大平ブレーンなのであった(中北『自民党政治の変容』一二〇―一二四頁)。つまり実動部隊は田中派、政策ブレーンは宏池会のお下がりというように、旧右派連合を中枢で担った保守本流の二派閥にタガをはめられたなかで、中曽根による新右派転換は始められたのであった。

旧右派連合の「コスト」もまた、中曽根に重くのしかかった。恩顧主義の政治そのものといういうほかない田中角栄のロッキード事件の一審有罪判決が下り、首相就任一年後の一九八三年総選挙で中曽根自民党は公認当選者過半数割れを起こし、結党以来初の連立を新自由クラブと組んだのであった。

こうして党内外からの制約に直面するなかで中曽根は必然的に自前の国家主義イデオロギーをトーンダウンして、国際協調主義の枠内で国威の発揚をめざすほかなかったのである。それは具体的には、日米安保とそのなかの日本の役割の充実という対米協調路線の強化のかたちを取った。

中曽根が首相に就任して最初の訪米時に「日米両国は太平洋をはさむ運命共同体」と発言し、さらに日本を「不沈空母」になぞらえて物議を醸した際、それはソ連の爆撃機が日本の上空を飛行するのを阻止できるようになるまで日本の防衛力を増強する、という意気込みを語ったのであった。一見同じ表現に見えても、大平の発言が主として日本は米軍の使用のために基地を供する「不沈空母」という意味であったのに対して、中曽根は自衛隊がより大きな役割を果たすことを指していたのである。それゆえに日米の軍事一体化に踏み込むこととなり、憲法の認めない集団的自衛権にあたるのではないかと批判を招いた。

また、この時の日米首脳会談に先立って、中曽根政権は武器輸出三原則の例外として、対米武器技術供与の緩和も決めていた。このほかにも中曽根は、スパイ防止法案を成立させようとしたが、党内からも反対の声が上がり果たせず、しかし防衛費一％枠の撤廃については再三粘った結果、ついに一九八七年度予算でわずかながら実現させたのであった。

新自由主義改革の幕開け

経済的自由主義すなわち新自由主義にもとづいた「改革」も、中曽根のもとで開始された。そもそも鈴木内閣で行政管理庁長官として「増税なき財政再建」のスローガンのもと、臨調を舞台に展開された行政改革に熱心に取り組んだことが、中曽根政権においても政策課題を大きく規定していた。また旧大平ブレーンを中曽根が継承することができたのも臨調経由であった。

その意味において、中曽根にしてもミルトン・フリードマン流の徹底的な利己主義を基礎にした新自由主義理念を信奉していたわけではなく、むしろ中間団体の存在や役割を重視した集団主義的な「日本型多元主義」を理想とし、「限定的な手段として新自由主義改革を用いたにすぎなかった」という中北の指摘は正鵠《せいこく》を射ているといえるだろう（中北『自民党政治の変容』一二一―一二八頁）。

しかし他方で、あくまでも旧右派連合の維持と発展のために新自由主義改革の必要をいっそう限定的な範囲で認めていた大平と、中曽根が異なっていたことも明白である。基本的なところでは、大平の場合「田園都市構想」というグランド・デザインの議論に留まり、現実の政策変化にほとんど着手することなく急死したのに対して、中曽根は焦点を具体的な政策や制度の改革へと移した。そのため、たぶんに重なるブレーンを率いていたにしても、「文化」を強調した大平と比較して、個別の政策過程で経済学者や財界人を重用した中曽根ではるかに「経済」の論理が先行したのであった（大嶽『自由主義的改革の時代』一〇九―一二一頁）。

そして、本質的には相当に復古色の強い首相個人の文化・価値観を、リベラルなブレーンや時代背景が包囲し抑制したため、中曽根は大平ほどに語る文化論を持たなかったなか、一九八五年のプラザ合意を受けた円高や土地政策における規制緩和などの内需拡大策などがあいまって不動産価格や株価の高騰によるバブル景気を発生させてしまった結果、中曽根とその政策ブレーンの意図はともかく、たぶんに利己的で新自由主義的な金満消費者「文化」が花開いてしまったことも否めない。それは大平のビジョンとはおよそかけ離れたものであった。

この関連で、日米貿易摩擦が一九八〇年代にいっそう激化していくなかで「国際協調のための経済構造調整研究会」が中曽根に答申した一九八六年四月のいわゆる「前川リポート」の重要性にも触れておかねばならない。「経常収支の大幅黒字は、基本的には、我が国経済の輸出指向等経済構造に根ざすものであり、今後、我が国の構造調整という画期的な施策を実施し、国際協調型経済構造への変革を図ることが急務である」と旧右派連合を形成していた開発主義や恩顧主義からの訣別を必須と宣告したのである。

より短期的には、前川リポートで提言された民間活力の導入による住宅対策及び都市再開発事業や地方債を活用した社会資本整備の推進などの内需拡大策がバブル景気をつくった一方で、中長期的には、市場原理を基調とした徹底した規制緩和政策や金融・資本市場の自由化、同年始められたウルグアイ・ラウンドでの貿易自由化交渉への積極的参加などの提言が、個別の経済政策分野において新右派転換を漸進的に進めていく装置として機能していくことになった。

「大統領型」の政治手法と行政改革

政治手法においても、中曽根は大平と大きく異なっていた。

むろん、いわゆるブレーン政治ということであれば、大平の九つの政策研究グループが嚆矢となったわけだが、それは新たな時代の展望を切り開くためのビジョンを描くためのものであり、大平首相個人や内閣のためではない、という位置づけだった（福永『大平正芳』二三三―二三九頁）。従来ならば、首相ら政治家個人の着想もしくは官僚制の対症療法的な発想に頼る傾向のあった政策アイデアを広く学識経験者を集めて提言してもらおうということで、それ自体画期的なことではあったが、政策過程でいえば、ブレーンはせいぜい入り口に立つところまで連れていくだけのことであった。

それに対して中曽根が活用した臨調や国鉄再建監理委員会などは、単なるブレーンや政府審議会の役割を超えて、官僚制や利益団体はおろか族議員や派閥の領袖がにらみを利かせる与党や国会に先手を打ち、首相の威光を背景に、マスコミを利用し世論を味方につけつつ、利害調整や意思決定を推し進めるという点で、「既得権益」が支配する旧右派連合における合意形成型の政策過程に「改革派」首相が強力なリーダーシップを発揮して切り込む、という構図を演出する新右派転換の舞台そのものとなった。

首相就任後に受けた臨調の第二次答申を踏まえて、中曽根はまた「内閣機能の強化」にも乗り出した。国家機構のなかで首相官邸への権力集中の制度化を始めるもので、一九八六年にそれまでの内閣審議室が内閣内政審議室と内閣外政審議室に分離され、内閣調査室が内閣情報調査室へと強化、内閣安全保障室も設置されたのであった。

民営化と労働組合再編

さて中曽根行革といえば、やはりその最大の目玉となったのは、国鉄（現ＪＲ）の分割・民営化である。「我田引鉄」と批判された恩顧主義的な政治介入の常態化などに起因する国鉄の慢性的な赤字体質は、まさに旧右派連合の政治の「負の遺産」を象徴しており、その改革過程は新自由主義改革の代表的な事例といえる（草野厚『国鉄改革――政策決定ゲームの主役たち』、飯尾潤『民営化の政治過程――臨調型改革の成果と限界』、大嶽『自由主義的改革の時代』一〇一―一一六頁）。

新自由主義改革の政治手法と並んで、以後の新右派転換の展開に大きな影響を残したのが、国鉄改革が与えた労働運動への打撃である。国鉄における最大の労働組合は国労であったが、その国労は自治労、日教組と並んで総評のもっとも主要な労組であり、また社会党左派と結びつきが強く、平和運動などの政治闘争にもっとも積極的に参加してきた労組でもあった。つまり保守政権と敵対し、結果的に外からタガをはめる役割を担ってきた革新勢力の土台を構成するともいえる存在だったのである。

しかし、国鉄の分割・民営化への反対を貫くなかで国労の組合員数は激減、その影響力は見る影もなくなった。これによって総評は、力を落とすなかで一九八九年に同盟などを母体とした連合へと合流する展開となった。形式上は労働戦線の統一がなされたとはいえ、実態としては、政府・経営側主導でいわゆる労使協調路線が貫徹し、総評の消失によって社会党の支持基盤は大きく揺らいだ。

中曽根政権による国鉄や電電公社（現ＮＴＴ）の民営化が、労働組合の弱体化を中心的な目的としていたとまではいえないが、これを一つの契機に革新勢力の実動部隊を成していた官公労の力は大きくそがれ、社会党の足腰が一気に脆弱《ぜいじゃく》化し、革新勢力の土台からの崩壊を準備したことは間違いない。

また「上からの」労使協調が貫徹したということは、とりもなおさず使用者側に労働者側との協調を強いてきた対決型の労働組合がなくなったということであり、これは実は使用者側が労働者側に配慮し譲歩しつづける理由がなくなった、つまり使用者側が明白な優位に立ったということでもあったのである。これによって、将来のさらなる新右派転換の進展が約束されたとさえいえた。

守勢に立たされた革新勢力

横浜市長から中央執行委員長に転じた飛鳥田の下でも、社会党の党勢回復は思うように進まず、一九八三年の参議院選挙で敗北すると、石橋政嗣《まさし》が後継となった。石橋は、社公民路線を進め、自衛隊についても「違憲合法論」を展開するなど政権担当能力を示そうとし、自由闊達《かったつ》で開かれた「ニュー社会党」への脱皮と再生を掲げた。左右の対立で党改革は困難に直面しながらも、一九八六年一月には『日本社会党の新宣言』を採択し、社会主義政権樹立への平和革命を標榜していた『日本における社会主義への道』はついに歴史的文書として棚上げされた。

この『新宣言』でようやく、「日本社会党は、今日の課題がもつ性格からも、そのよってたつ基盤からも、勤労国民すべてを代表し、あらゆる人びとに開かれた国民の党である」との自己規定がなされ、遅ればせながら社会党は「階級政党」から「国民政党」への脱皮を宣言したのであった。労働組合との関係についても「日本社会党は、労働組合との相互の自立性を保ちつつ、支持協力関係を発展させる。日本社会党は労働組合の主張のたんなる代弁者であってはならない」と一線を画した。

また豊かな社会の到来を前提に「今日では、政治意識と価値観の多様化のなかで、連合政権はふつうのことである」と複数政党制と議会制民主主義のなかでの現実的な政権奪取への道を指し示そうとし、経済面でも「日本社会党は、国有化だけがただちに社会主義とは考えない。けれども今日、企業がみずからの利益だけを重視し、社会全体に弊害をもたらすことは許されない。社会党は、国民の合意にもとづき、企業の社会的責任をあきらかにし、国際協調と国民生活の質を保障するようなシステムをつくりあげる」と西欧的な社会民主主義への転換を明示したのであった。

しかし、電電公社や国鉄などの民営化が進められるなか、一九八六年七月に中曽根が衆参同日選挙を仕掛け、自民党が三〇〇議席を超える歴史的な圧勝をおさめたのに対して、社会党はわずか八五議席しか確保できず、石橋は惨敗の責任を取り、あえなく委員長を辞任した。

新自由主義化する都市中間層

世界の冷戦構造と日本国内の保革対立構図がともに一九八〇年代から大きく揺らぎだすなかで、旧右派連合と革新勢力のいずれの強固な支持基盤にも組み込まれず、はみ出した格好となっていた都市中間層をめぐる争いで、新右派転換を進めた中曽根自民党を前に石橋社会党は大敗北を喫したのであった。

後手後手の対応に終始した革新勢力に対して、ちょうど一方の足で旧右派連合を踏みしめたまま、もう片方の足を大きく新右派連合へと踏みだした転換期にあたる中曽根政権下での一九八六年衆参ダブル選挙において、自民党はまさに「日本型多元主義政党として、完成の域に達しつつあった」のであった（中北『自民党政治の変容』一三三頁、ジェラルド・カーティス『「日本型政治」の本質――自民党支配の民主主義』二一六―二五七頁）。

とはいえ、それはすなわち農村部で旧来通りの利益誘導政治で固い組織票を集めつつ、都市部において中曽根の新自由主義改革のスタイルと政策が「柔らかい支持」すなわち浮動票を獲得したということであった。この組み合わせが根本的な矛盾を内包している以上、新たな保守連合のかたちとして安定的な枠組みをもたらすということがありえなかったのもまた事実である。

都市部の新中間層（サラリーマンなど）は自らが恩恵に浴することのない「既得権益」や癒着、腐敗にさらに切り込むことを求め、旧右派連合の恩顧主義と正面から対立したことから、持続的な「国民政党」のありようを自民党が新たに確立することは必然的に困難を極めるのであり、やがて物質的な利益誘導によらない国民統合のすべを呼び込んでいく必要が生まれたのである。また新中間層は、従来の自民党の支持基盤と異なり、組織動員が極めて困難な「柔らかな」支持層にすぎなかったことから、いつ何時、自民党に背を向けるか知れない諸刃の剣であった。実際に、売上税法案で中曽根政権はサラリーマンらの支持を大きく失い、また電電公社の民営化などと裏で連動するかたちでリクルート事件が展開していたことが明るみに出ると、自民党そのものも危機的な状況に直面した。

旧右派連合への揺り戻し

こうして日本における新右派転換の第一波は中曽根によって引き起こされたが、部分的な揺り戻しの波がその退任後まもなく訪れた。まだまだ旧右派連合が保守支配の中核を成しており、党勢が回復すると政策も政治手法も総じて旧右派連合の主導へと戻っていく様子が見られた。

中曽根が後継に指名した竹下登は、最大派閥を率いつつも党の結束を重視した総主流派体制を敷き、野党との太いパイプを活かした国対政治を駆使し、所得税などの減税を見返りにするかたちで消費税導入を成し遂げた。大型間接税導入を目指して失敗した大平と中曽根の双方に大蔵大臣として仕えた経験のある竹下ならではであったが、「小さな政府」を目指す新自由主義改革を引き継いだとはいえなかった。

東京市会議員を戦前短い間務めたことがある鳩山一郎を除けば、初めて地方議員出身で首相となった竹下は、国政入りして以来一貫して自民党に所属した、初めての生え抜きの総理でもあり、まさしく旧右派連合の申し子といっていいような政治家であったのである。

同じく地方議員出身であった梶山静六自治大臣が中心となり、地域振興を目的に各市町村に一億円ずつ交付したふるさと創生事業は、バブル景気を背景にムダな公共事業を全国的に展開したと多くの批判を浴びた。他方、使途を中央政府が決めるのではなく各自治体の自由としたという点では、いかにも新自由主義時代の旧右派連合らしい政策ともいえる。

2　自由化・多様化する日本政治

一党優位制の終わりの始まり

盤石に見えた竹下政権はしかし、リクルート事件の急速な拡大によって閣僚が次々と辞任を余儀なくされ、あっという間に追い込まれていった。中曽根が新右派転換を始めていたまさにそのとき、その舞台裏を仕切りつづける旧右派連合の政治に食い込むために、情報産業の旗手であったリクルート社の創業者・江《え》副《ぞえ》浩正がなりふり構わず大盤振る舞いした結果、中曽根政権の中枢を占めた自民党の主要政治家ほとんど全員が未公開株の譲渡を受けていたことが発覚し、さらにはトップ官僚や野党幹部、中曽根ブレーン学者らにまで広がった一大スキャンダルとなったのである。

この事件で、民営化されたばかりのＮＴＴの真藤恒会長や取締役らが逮捕（のちに有罪確定）されたこともまた、中曽根行革の一つの重要な側面を象徴的に暴きだしていた。それは民営化実現のための権力闘争に勝ち抜くには政界工作が不可欠であり、真藤がウラの政治資金を必要としていたということであった。「政治介入の排除のための政治介入というパラドックス」（大嶽『自由主義的改革の時代』二九八頁）が現実の新自由主義改革には伴ったのであった。

新自由主義に典型的な論理では、こうした市場化の過程における政官業の癒着は一過性のものであるとされるわけだが、ようは「改革が失敗したのは、改革が足りなかったから」という論法が使われ、さらなる新自由主義改革を呼び込んでいくのである。

こうして旧右派連合の枠のなかで中曽根が始めた新右派転換が種をまいたように、この後、政治改革、地方分権改革、行政改革、規制改革、六大改革、構造改革、郵政民営化改革と果てしなくつづく「永久改革の時代」を開いていった。竹下は、党内に政治改革委員会を設置、小選挙区比例代表並立制の導入へ向けた議論の口火を切ったものの、内閣支持率が史上最低の一桁台と低迷するに至って、まもなく内閣総辞職をしたのであった。

しかし、自民党の危機はこれで終わらなかった。後継の宇野宗佑首相に女性スキャンダルが発覚したなか、リクルート事件、消費税、コメの輸入自由化懸念とあわせて四重苦を背負っての一九八九年の参議院選挙で自民党は歴史的な大敗を喫し、一九五五年の保守合同から初めて参議院での過半数を失った「ねじれ国会」に直面したのであった。一九八六年の衆参同日選挙での歴史的圧勝からわずか三年での惨敗は、つかみどころのない「柔らかな支持」を求めてめまぐるしく政党政治が変転する流動期に突入し、旧右派連合を大黒柱とした一党優位制の終わりが始まっていることを示していた。

激動の一九八九年

おりしも一九八九年といえば、一月に昭和天皇が死去、元号が平成と改められ、まさに大きな時代の変動が感じられる幕開けであった。この後さらに六月四日に北京で天安門事件が発生、以後、経済的な自由化は継続されるも政治的には権威主義的締め付けが強化される中国版新右派連合が展開されていくこととなる。さらに一一月に、ベルリンを東西に分断していた壁が崩壊、冷戦の終焉が加速度的な進捗を見せていくこととなる。

七月の参議院選挙における自民党の歴史的大敗はこうしたなかで起きた。改選議席をほとんど半減させ、結党から初めて改選第一党の座を失い、非改選議席をあわせても過半数を大きく下回った。実にこのとき以来、こんにちに至るまで四半世紀以上、自民党は単独過半数を確保できないままとなっている。

とりわけ二六の一人区で三勝二三敗と社会党(および連合)に惨敗を喫したのは、自民党政権の農政不信が農村部で噴出したことが一つの要因となったことは否めなかった。中曽根以降、ウルグアイ・ラウンド交渉や日米経済摩擦への取り組みは続いており、宇野のわずか二カ月の総理在任期間中にも後に大きな影響をもたらす日米構造協議の開始が合意されていた。

中曽根が、農村部への利益誘導と都市部への改革スタイルのアピールという新旧右派の合わせ技で一九八六年に圧勝したのに対して、中曽根側近の宇野がひょんなことからその三年後に首相となり、今度はリクルート事件などで都市部の票を失い、農産物輸入の自由化に対する懸念から農村部で背を向けられて、今度はいわば新旧右派政治のはざまに落ちたのは、転換期の不安定さを如実に表しているといえよう。

宇野の女性スキャンダルにしても、政治の自由化が進んでいることと無縁ではなかった。従来こうしたセックス・スキャンダルを日本の大手メディアは取り上げないこととしており、実際に当初は沈黙を決め込んでいたが、週刊誌の記事を海外メディアが報じたことで国会でも宇野は追及され、ついには大手国内メディアも後追いをしたのであった（後藤謙次『ドキュメント平成政治史1　崩壊する五五年体制』三九―四一頁）。そもそもリクルート事件のせいで派閥の領袖クラスに適任者が見つからず、竹下派の支配の傀儡《かいらい》として戦後最軽量の首相を担いだことが、事の発端ともいえた。

宇野は竹下が設置した政治改革委員会を改組した政治改革推進本部を後任の海部俊樹への置き土産に早々と辞任、日本は平成元年となった一九八九年の三人目の総理大臣を迎えることになった。四七歳の若さで幹事長に抜擢《ばってき》された小沢一郎が剛腕をふるった海部政権の実態もまた、竹下派支配であった。もっともその竹下派とて内部に亀裂が走り始めていた。

「山が動いた」

さて、一九八六年と一九八九年の間に主客を換えるように自民党と対照的な形勢の逆転を経験していたのが、社会党であった。遅ればせながらも社会民主主義路線への転換を進めた石橋が、不運にも党改革の成果に報われることなく衆参同日選挙での惨敗を受けて委員長を辞すると、社会党は大混乱に陥った。エースとして登板していた石橋のあっけない引責辞任で、結党以来の危機から脱するための準備や経験をもった人材が、旧来の派閥の力学の観点からは払底していたのである。そこで半ば偶発的に日本の主要政党で初の女性党首となったのが、土井たか子であった。

党内基盤の弱さから単なるお飾り扱いされる可能性もあった土井を支えたのは、そのアピール力の高さから来た国民的人気であった。清新でざっくばらんな印象を広く与えたのが、「やるっきゃない」「ダメなものはダメ」といった簡潔で率直な土井の物言いであった。自民党の失点に事欠かなかった選挙だったとはいえ、わずか三年前に大敗していた社会党を一九八九年参議院選挙で一気に改選議席第一党となる大勝に導いたのに「おたかさん」人気が貢献したことは間違いなかった。

「マドンナ旋風」ともいわれたように女性候補を多数擁立、当選させたり、また労働組合との関わりが弱いことを逆手にとって、市民運動などとの連携を強化させたりしたことが奏功した。この選挙結果を受けて「山が動いた」と絶妙なコメントをすると、さらにその人気は高まった。

しかし現実に「山」を動かしていたのは、新右派転換とともに新自由主義化する移り気な無党派層であった。その意味で最初に「山が動いた」のは一九八六年であり、土井はその山を大きく揺り戻したと言ったほうが正確であった。また山が動くようになっている以上、次にまた、いつ社会党を押しつぶす方向に山が動かないとも限らない厳しい現実があったのである。山を動かしたのが、社会党エースだが国民的アピール力を欠いた石橋ではなく、中曽根のように、脆弱な党内基盤を大統領的手法と個人的な人気で埋め合わせた土井であったことは象徴的といえた。

複数政党制のなかの代替政権党づくりという難題

山が動くようになった新時代、つまり政治が自由化・多様化するなかで、社会党が野党でありながら主導権を握りつづけるのは極めて困難なことであった。一九九〇年衆議院選挙では、クリーンなイメージで弁舌爽《さわ》やかな海部を党の顔とした自民党が復調、野党では土井社会党が一人勝ちし、衆議院でも議席を大きく取り返した。しかし複数政党制の下で自社の二大政党制化傾向が見られたことを公明・民社の中道政党が警戒し、自公民路線への傾斜を強めていくことになった。こうして社会党を中心とした野党共闘による政権交代の芽は早くも摘まれる。

もう一つの限界は、未完の党改革と土井自身の資質にあった。社会党内の路線闘争は、くすぶる左右対立に限らず、土井が招き入れる女性や市民社会からの新風に対する労働組合などの反発もあった。党内が割れるなかで「連合政権」への道筋を積極的に描いていくことは不可能に近いが、さらに土井自身の持ち味が、消費税や憲法九条からの逸脱に「ダメなものはダメ」と言い切る、実は伝統的な革新勢力の主張に根ざしていたことも、中道を巻き込んだ野党連合の形成を困難にしたことは否めなかった。

つまり、個人的な経歴が社会党委員長に典型的な党インサイダーのそれとは大きく異なっていたとはいえ、土井もまた五五年体制の産物であり、歯に衣着せぬ明快な物言いなどで反対勢力（オポジション）として自民党政権に「お灸をすえる」役割は果たすことができても、代替できる政権党（オルタナティブ）を準備できるところまでの主導権を握る準備ができていたとはいえなかった。

結果的に、労働組合と市民団体という新旧の支持基盤を有効に組み合わせることができず、野党陣営も分断され、一九九一年に統一地方選挙と東京都知事選挙の惨敗を受けて土井は辞任したのであった。

冷戦の終焉と国際協調主義の変化

自社両党を始めとした日本の政治システム全体を揺るがしていたのは、新中間層を中心とした移り気な有権者のみならず、日本を取り巻く国際環境の変化でもあった。米ソ二極構造が壊れるなかでいまだ「新世界秩序」は明確化されず、政治経済など多岐にわたる国際連携の新しい姿が模索されていた。

海部政権下、日米経済摩擦の悪化を背景に日米構造協議が本格化し、大規模小売店舗法の規制緩和などが推し進められたが、さらに大きな衝撃を与えたのは、一九九〇年八月に勃発した湾岸危機であった。アメリカを中心に多国籍軍が編成され、戦争が始まるなかで、日本の「国際貢献」のあるべき姿が大きな論争となっていったのである。

時はまだバブル景気の絶頂である。対ソ冷戦に勝利しつつあったとはいえ軍拡競争に疲弊したアメリカから、自由経済秩序のなかでこれだけ儲け、また中東の石油に依存している日本は、カネだけでなくヒトも出せ、と厳しく迫られた。同時に政財官界のエリートの間では、総額一三〇億ドルにも上る巨額の資金を献上したにもかかわらず、軍事的な参加ができなかったために主要国間の意思決定や戦争終結後の利益分配の蚊帳《かや》の外に置かれつづけたことが、屈辱的な「湾岸戦争のトラウマ」として以後繰り返し言及されていくことになった。

海部内閣では国連平和協力法案を国会に提出したものの、野党のみならず政権与党内でも異論があいつぎ廃案、最終的にはPKO協力法に形を変えて一九九二年に宮澤喜一内閣で成立した。一連の議論と立法過程の紛糾は、一方では、首相や行政府に権力を集中させた新自由主義的な統治システムを実現させるべきであるという政治改革の主張とリンクし、もう一方では、牛歩戦術を用いてまで反対を貫いたものの自衛隊海外派遣によらない国際協調のあるべき姿を明確な対案として示すことに失敗した革新勢力からの有権者の離反を招くところとなった。

こうして国際協調主義が日本で広く受け入れられるようになるとともに、本来は大平のように文化や経済的な多国間協調を重視していたものが、小沢らによって自由経済秩序の維持のために日本は経済のみならず軍事面でも応分の負担をするべきであると論点がシフトされていった。それは新右派転換を加速させ、革新勢力をますます苦境に立たせたのである。

新右派転換の旗手としての小沢一郎

冷戦終結期の日本では、海部、宮澤、そして一九九三年の自民党の分裂と下野を経て、細川護熙《もりひろ》、羽田孜《はたつとむ》と総理大臣が交代していくが、この間一貫して政治の中心にあり、しばしば裏で首相を凌駕《りょうが》する実権を握っていたのが、小沢であった。保守本流の系譜を汲む竹下派のなかから中曽根の後を継ぐ新右派転換の旗手が登場したことにより、旧右派連合は事実上内部分裂を起こし弱体化していく。中曽根が旧右派連合にタガをはめられたなかで新右派転換を始めたのに対して、小沢は自らが生まれ育った旧右派連合を壊しつつ新右派転換をさらに推し進めた、いっそう矛盾の深い「古い政治体質の改革派リーダー」であった。

「小沢対反小沢」というほどまでに、一九九〇年代前半の政治改革と政界再編は小沢個人の政治手法と新右派ビジョンに対する好悪を焦点として展開した。宮澤内閣においても竹下派支配という二重権力構造がつづいており、その竹下派のなかの権力闘争が自民党の分裂そして下野へとつながっていったのである。しかし小沢を軸にした政治の変転によって自民党以上に打撃を受けたのは社会党であった。中曽根によって最大の支持基盤である労働組合に打撃を与えられた社会党が、今度は小沢に鼻面を取って引き回されて凋落《ちょうらく》していくことになった。

そのプロセスは、自公民路線がついに実を結んだものを小沢・新右派連合が手にしたともいえた。海部政権での自民党幹事長として小沢が、国連平和協力法案廃案に際して自公民による「国際平和協力に関する合意」をまとめ、さらに完敗に終わった都知事選で自公民路線を優先した候補者擁立を行ったことが、後に細川連立内閣や新進党の結成につながっていったのである。こうして社会党は行き場を失い、立ち往生してしまう。

『日本改造計画』

さて、小沢の新右派転換ビジョンをまとめたものといえば『日本改造計画』である。日本を「普通の国」に改造しようというその発想は、まさに湾岸戦争時の「国際貢献」論を皮切りに軍事面へと転化しはじめた国際協調主義の一つの到達点といえた。それは政治経済の新自由主義化を強く唱えるものであった。実際の執筆には、北岡伸一、竹中平蔵、飯尾潤など当時新進気鋭の学者らがあたっており、小沢個人の栄枯盛衰を超えて、小泉や安倍に至るまで以後の新右派転換プロセスを大きく規定していった（御厨貴・芹川洋一『日本政治――ひざ打ち問答』七二―七三頁）。

社会への同調圧力が強く、個人の自由や責任が尊重されない「同質社会」の「過剰なコンセンサス」を求める「何も決められない政治」を「日本型民主主義」とした小沢の批判は、次のような時代認識にもとづいていた（小沢一郎『日本改造計画』一六―四四頁、四頁）。

しかし、いまや時代は変わった。日本型民主主義では内外の変化に対応できなくなった。いまさら鎖国はできない以上、政治、経済、社会のあり方や国民の意識を変革し、世界に通用するものにしなければならない。

その理由の第一は、冷戦構造の時代のように、自国の経済発展のみに腐心してはいられなくなった。政治は、経済発展のもたらした財の分け前だけを考えていればよい時代ではない。世界全体の経済や平和を視野に入れながら、激変する事態に機敏に対応しなければならない。世界の経済超大国になってしまったわが国の責任は、日本人が考えている以上に大きい。

第二は、日本社会そのものが国際社会化しつつある。多くの日本人が国際社会に進出し、多くの外国人が日本社会に入って来ている。もはや、日本社会は、日本型民主主義の前提である同質社会ではなくなりつつある。


何をもって「普通の国」とみなすのか、そもそものようなものは存在するのか、疑問は尽きない。しかし、モデルとされているのが英米流の「自由経済と強い国家」であることは明白であり、強い政治リーダーシップを打ち立てるために小選挙区制の導入や首相官邸機能の強化・官庁における政治家主導などを柱とした政治改革および行政改革を小沢は提唱した。

経済面においても「日本は素晴らしい国である」「自分たちの国を日本のようにしたい」と

世界の羨望《せんぼう》の的にしないと日本は国際社会でリーダーシップを発揮できない、と主張し（小沢『日本改造計画』一八〇―一八五頁）、

国民を守っている行政制度や諸々の規制にしても、どれだけ国民のためになっているだろうか。かつてはともかく、今日の社会では非常に疑わしいといわざるをえない。他方、海外から見ると、終身雇用制や年功賃金制は、人々を企業に縛りつける道具にすぎないと映ってしまう。協調的で長期的な関係を重視する経済や社会の仕組みは、第三者である海外の企業や個人には、入り込みにくい閉鎖的な社会でしかない。かつては素晴らしいと思えたシステムが、時代の変化とともにその欠陥ばかりが目立つようになってきたのである。

と論じたうえで、国民を国の規制という「保育器」から解放し、「企業も個人も自己責任で」判断や選択をしていくことを要求したのであった（小沢『日本改造計画』一八七頁、二四三―二五〇頁）。

国連を中心とした「積極的・能動的平和主義」の提唱

外交安全保障分野においては、「アメリカとの共同歩調こそ、日本が世界平和に貢献するための最も合理的かつ効率的な方策なのである」とし、従来の「専守防衛戦略」から「平和創出戦略」へと転換することを提唱した。当時アメリカに次ぐ世界第二位の経済大国であった日本の役割は「国連を中心としたアメリカの平和維持活動に積極的に協力」することとの考えにもとづき、「国連待機軍」の創設を主張したのであった(小沢『日本改造計画』一二一―一三七頁)。

実は都知事選の敗北を受けて幹事長を辞任した小沢は、自民党「国際社会における日本の役割に関する特別調査会(小沢調査会)」の会長に就任、政権与党内の国際貢献のあり方をめぐる議論をリードしていた。ここでの議論において、「われらは、平和を維持し、専制と隷従、圧迫と偏狭を地上から永遠に除去しようと努めてゐる国際社会において、名誉ある地位を占めたいと思ふ」という憲法の前文は、「国際社会と協調し、世界の平和秩序維持と世界経済の繁栄のために努力する」という「積極的・能動的平和主義」の理念を謳ったものであるとの議論が展開された。

したがって現行憲法においても「国際協調の下で行われる国際平和の維持・回復のための実力行使は否定すべきものとは考えられない」と論じ、こうして憲法九条に新たな解釈をほどこせば、国連が国際社会の平和秩序の維持のために、実力行使も含めた措置を担保する集団的安全保障の枠内での国連軍への日本（自衛隊であれ別組織であれ）の参加が可能になるのではないか、というのが小沢調査会の主張であった（「安全保障問題に関する答申案〈要旨〉」）。

内容こそ今日の集団的自衛権をめぐる論争と異なり、あくまでも国連を中心とした集団安全保障についてだが、従来の「消極的平和主義」ないし「一国平和主義」を独善と糾弾し、民主的に選ばれた政治家が主導して憲法解釈を変更し、「積極的平和主義」に転じることこそ日本国憲法の前文が掲げる国際協調主義である、というロジックを最初に提示したのは小沢だったのである。

なお、このとき小沢の『日本改造計画』のゴーストライターとして外交安全保障箇所を担当し、そこでは小沢の国連中心主義に沿った論考を示した北岡が、国連は万能ではないので集団安全保障の議論だけではもの足りず、集団的自衛権や日米安保条約にももっと踏み込むべきだったという趣旨のコメントを寄せていたのは興味深い（朝日新聞一九九二年二月二一日朝刊）。北岡は、のちに安倍晋三のブレーンとして集団的自衛権の行使を容認する解釈改憲を引っぱっていくことになる。

百花繚乱の自由主義的改革論議

一九八〇年代終盤から一九九〇年代前半は、冷戦の終結、バブル景気、政官業の癒着など旧右派連合の弊害に対する批判の高まりなどを受けて、まさに「国際協調主義」を共通概念とした内政外交双方についての多様な自由主義的「改革」論議の全盛期であった。日本のあるべき国際貢献のかたちが外交安全保障分野で焦点となり、内政面でそれを下支えするにはどのような政治改革や行政改革が必要なのか、活発な議論と激しい政争が展開された。

そのなかで小沢は間違いなく「最右翼」――もっとも有力であり、またもっともタカ派の位置――を占めていた。その国際協調・国連中心主義の中核には、明らかに国力や国権の強化、国威の発揚を追求する、ある種の国家主義(ナショナリズム)があり、国連軍への参加構想などはついぞ実現しなかったものの、平和維持活動を手始めに自衛隊の海外派遣が進められていく端緒を開いた。国内的には、首相への集権による政治リーダーシップの強化を訴え、そのための小選挙区制導入を推進したのである。

実際のところ小沢の「普通の国」論に対して、当時は保守陣営でさえ、宮澤、後藤田、河野洋平にしても、また細川や武村正義にしても、憲法の禁じる武力行使を行わない範囲での国連平和維持活動(PKO)への参加が限度と考え、非軍事の経済力や技術力を用いるなどして、たとえば環境問題において、平和国家たる日本らしい国際的な役割を果たすべきだとするハト派のほうが数の上では目立つ状況であった（宮澤喜一『新・護憲宣言――二一世紀の日本と世界』一一五―一一六頁、細川護煕『内訟録――細川護煕総理大臣日記』三五頁、武村正義『小さくともキラリと光る国・日本』一八三―一八七頁）。

政治改革の論議にしても、選挙制度改革ありきではなく政治資金規正の強化こそが重要という声も少なからず聞かれ、また選挙制度を改革するにしても、穏健な多党制を志向する立場から小選挙区比例代表併用制や中選挙区連記制なども提案、検討されていたのであった。しかしながら結果的には、流動的な連立政治でのかけひきを小沢が制し、党内でさえ異論の少なくなかった自民党案に大幅に譲歩するかたちで小選挙区比例代表並立制が一九九四年に与野党で合意され、政治改革四法が成立したのであった（中北浩爾『現代日本の政党デモクラシー』二九―六二頁）。

この頃さきがけの田中秀征や社民連から合流した菅直人などを中心に、「官治から民治へ」などのスローガンを旗印に、小沢流の「政治家主導」「首相官邸主導」とは異なった政治主導のあり方が模索されていた。参加デモクラシーの系譜に棹さし、また立法府の行政府チェック機能の強化や情報公開、市民運動やＮＰＯなど市民社会の活性化を改革の主軸に据える議論もなされたのだが、次第に新右派アジェンダのなかに回収されていってしまった。

細川連立内閣と新右派転換

細川の率いる日本新党と武村らの新党さきがけは、いずれ合流する予定で当初緊密に連携していた。しかし細川内閣の官房長官となった武村と新生党代表幹事として与党代表者会議を牛耳るようになった小沢との間で政策や手法をめぐる対立が抜き差しならないものとなっていき、やがて反小沢のさきがけ・社会党対小沢率いる新生・公明・民社という構図に発展し、細川は股を裂かれる状態に至った。

しかし、非自民・非共産勢力を政治改革実現の一点で結集しただけだったバラバラな七党連立政権において、旧右派連合時代に培った政治手腕と新右派転換のビジョンの双方を有する小沢の存在は圧倒的であった。次第に細川は軸足を武村から小沢に移し、唐突な国民福祉税構想などによって政権内の亀裂は修復不可能なレベルに達した。野党となった自民党の執拗《しつよう》な攻撃に弱った細川が辞任に追い込まれるとさきがけは閣外協力に転じ、今度は後継の羽田内閣指名直後に、小沢らの策動で社会党を排除するかたちで後に新進党の母体となる院内会派を統一したことに社会党が反発、七党連立の枠組みは完全に崩壊したのだった。

細川連立内閣の陰の主役で最大の実力者が小沢であったことは疑いをいれないが、細川もまたこの時期の新右派転換に清新なイメージを与えた重要なアクターであった。政治改革のみならず、規制緩和や地方分権改革を俎上《そじょう》にのせ、以後の政権への橋渡しをしたことは無視できるものではなく、またウルグアイ・ラウンドの一環としてコメの輸入部分開放に踏み切ったことも細川の新自由主義アジェンダへの貢献として重要であった。

3　国家主義――新右派連合を支えるもう一つの柱

限定的な揺り戻しとしての自社さ政権

わずか一〇カ月ほど前まで曲がりなりにも続いた五五年体制の保革対立構図からはまったく考えられなかった政権が、予算管理を主任務とした少数与党の羽田内閣の後に成立した。議会第一党の自民党がさきがけとともに社会党の村山富市委員長を首班に戴く、自社さ政権である。「反小沢」の一点で結集した新右派転換からの揺り戻しであった。

皮肉なことに、社会党が自民党と連立を組めるようになった背景には、すでに細川連立内閣への参画により、小沢に追い立てられるように「現実路線」へと事実上政策転換を迫られていたことがあった。それでも首相として村山が明確に自衛隊、日米安保条約、日の丸・君が代などについて従来の立場から一八〇度の転換を示したことは、社会党がアイデンティティを失ったことと受け止められた。

また小沢に振り回される状況から緊急退避した、五五年体制下の旧右派連合と革新勢力の「野合」政権が実態であったにしても、マスコミ世論の手前「反改革」を標榜するわけにもいかず、また竹下や大蔵省を始めとした官僚制の舞台回しへの依存を高めた結果、消費税増税を前提とした特殊法人改革などの行政改革に取り組むと同時に、五％への消費税増税を決定したのであった。消費税導入への猛反対からわずか六年ほどで隔世の感が否めない社会党の変貌ぶりである。

村山政権では、臨調の後を継いだ三次にわたる臨時行政改革推進審議会（行革審）の答申等を受け、行政改革委員会を設けて行政改革の実施状況を監視する体制をつくったが、ここに宮内義彦をトップに規制緩和小委員会を特別に置き、規制緩和推進を担わせるかたちとなった。以後、規制緩和はさまざまに名称の異なる推進機関によって継続的に実施され、今日の規制改革会議に至るが、このような「永久改革」の仕組みを制度的に軌道に乗せたのが自社さ政権であったことは皮肉というほかかない。

しかも一九九三年七月の宮澤首相とビル・クリントン大統領による「日米の新たなパートナーシップのための枠組みに関する共同声明」を受けて、一九九四年度から毎年「日本における規制緩和と行政改革に関する日本政府に対する米国政府の要望書(年次改革要望書)」が規制緩和推進計画の策定過程に提出される枠組みができあがった。アメリカ政府の要望に沿った規制緩和の進捗状況が日米包括経済協議でチェックされるようになったのである。これは、日本の政治経済の新自由主義化に、アメリカが直接関与する仕組みができたことを意味していた。

こうして、良くも悪くも社会党はもはやかつての反対勢力(オポジション)ではなくなり、またそうかといって社会党が別の選択肢(オルタナティブ)を提供する主体ともなりえていない以上、自社さ政権による新右派転換の揺り戻しといっても、「改革」の大波を緩やかな流れへと抑制した程度のことにすぎなかったのである。小沢ほど乱暴ではないにしても、結局は自民党と官僚制に担ぎまわされるだけではジリ貧になるという危機感から、非自民・非小沢の第三極構想に向けた新会派結成の動きも見られたが、阪神・淡路大震災により頓挫《とんざ》してしまう。しかも村山政権は震災への対応の遅れや不手際でさらなる批判にさらされた。地下鉄サリン事件も政界を揺さぶった。

それでも村山社会党が気を吐いた政策課題がいくつか見られた。被爆者援護法の制定や水俣病の未認定患者救済をめざした政治決着の試み、消費税増税の際に地方消費税分一%を盛り込んだり、機関委任事務廃止などに結実したりした地方分権に関する取り組みなどである(薬師寺克行『村山富市回顧録』一八一頁、村山富市・佐高信『「村山談話」とは何か』一九〇―一九四頁)。そして何よりも、戦後五〇周年の村山談話であった。

国際協調主義の最後の輝きとしての村山談話

わが国は、遠くない過去の一時期、国策を誤り、戦争への道を歩んで国民を存亡の危機に陥れ、植民地支配と侵略によって、多くの国々、とりわけアジア諸国の人々に対して多大の損害と苦痛を与えました。私は、未来に誤ち無からしめんとするが故に、疑うべくもないこの歴史の事実を謙虚に受け止め、ここにあらためて痛切な反省の意を表し、心からのお詫びの気持ちを表明いたします。また、この歴史がもたらした内外すべての犠牲者に深い哀悼の念を捧げます(「戦後五〇周年の終戦記念日にあたって」(いわゆる村山談話)一九九五年八月一五日)。

この段落で使われた「国策を誤り」「植民地支配と侵略」「痛切な反省」「心からのお詫び」などの表現がとりわけよく知られる。村山談話の準備はごく少人数で行われた。村山首相本人、五十嵐広三内閣官房長官(談話閣議決定時には野坂浩賢)、古川貞二郎内閣官房副長官、そして谷野作太郎内閣外政審議室長や槇田邦彦首相秘書官(ともに「チャイナ・スクール」出身)らが起草にあたり、閣議決定の直前まで主要閣僚や自民党幹部も中身について知らされていなかったという(薬師寺『村山富市回顧録』二一七頁)。自治大臣として村山を支えていた野中広務が「戦後五十年という節目に村山富市という総理を生み出したのは(中略)「天の配剤」だったと思うんですね」と言い切るほど、後世に残る功績であった(御厨貴・牧原出『聞き書　野中広務回顧録』一八八頁)。

談話の決定過程において村山がリーダーシップを発揮したことは疑いないが、同時に、個人の単独プレーではけっしてなかったことも踏まえておくことが重要である。大平以来の国際協調主義の流れが頂点に達したのである。現在の険悪な日中関係からは想像もできないことであるが、中国を孤立させてはならないと天安門事件後の西欧諸国による対中制裁を真っ先に解除したのはほかならぬ日本であり、一九九一年にはすでに海部首相が訪中、翌一九九二年に史上初の天皇訪中まで実現させていた。

海部は首相として中曽根以来八年ぶりの韓国公式訪問も行っており、同一九九一年に金学順《キムハクスン》さんが初めて元「慰安婦」として実名で記者会見し証言すると、宮澤内閣は一九九三年の河野談話に至る対応をとったのであった。河野官房長官を支えた外政審議室長はこのときすでに谷野である。

「慰安所は、当時の軍当局の要請により設営されたものであり、慰安所の設置、管理及び慰安婦の移送については、旧日本軍が直接あるいは間接にこれに関与した」「戦地に移送された慰安婦の出身地については、日本を別とすれば、朝鮮半島が大きな比重を占めていたが、当時の朝鮮半島は我が国の統治下にあり、その募集、移送、管理等も、甘言、強圧による等、総じて本人たちの意思に反して行われた」といった事実認定のうえに、政府として「いわゆる従軍慰安婦として数多の苦痛を経験され、心身にわたり癒しがたい傷を負われたすべての方々に対し心からお詫びと反省の気持ちを申し上げる」という内容であった(「慰安婦関係調査結果発表に関する河野内閣官房長官談話」一九九三年八月四日)。

ついで、河野談話発表後まもなく宮澤から政権を受け継いだ細川が首相として初めて先の大戦を「侵略戦争」と認識していると明言した(細川『内訟録』三〇―三一頁)。また海部、宮澤、細川各政権で大きな権勢をふるった小沢とて、憲法の拡大解釈により安全保障分野での国際協調主義を主張する「普通の国」論者というある種の国家主義者ではあっても、歴史問題を含めてアジア諸国との和解を果たすことが重要であることは明確にわきまえていた。

このように、政党や政権枠組みを問わず、日米関係と並んでアジアとの和解を重視する国際協調主義が日本の外交安全保障政策を導いていた。村山談話がこの時代潮流の到達点を示す一方で、同じ自社さ政権によって設置された「女性のためのアジア平和国民基金（アジア女性基金）」の償い事業は、国の法的責任ではなく道義的責任にもとづく取り組みであったことから韓国などの元「慰安婦」や支援団体の反発を招き、その限界を明らかにするものであった。

橋本龍太郎への政権禅譲と新右派転換の再開

一九九六年一月、村山から自民党への悲願の首班禅譲を受けた橋本龍太郎は、かつて中曽根行革に党の行財政調査会長そして運輸大臣として携わったばかりか、その後も幹事長や大蔵大臣、通産大臣など要職を歴任、派閥の長である小渕恵三を差し置いての登板であった。政策通の改革派のイメージから「選挙の顔」を期待されたところがあり、これは小選挙区制導入後の初めての総選挙が控えているなかで、自民党も改革実行能力を前面に出す必要に迫られていたことを表していた。首相就任に先立つ一九九五年秋の自民党総裁選で本命候補の橋本に挑んだのは、小泉純一郎であった。

橋本はまた、日本遺族会会長や「みんなで靖国神社に参拝する国会議員の会」会長も務めていたことからタカ派のナショナリストと見られていた。実際には自社さの枠組みのなか、橋本は村山談話作成の際にも異論を唱えなかったばかりか、むしろ「終戦」と「敗戦」が混在していた文案を「敗戦」で統一すべきではと村山に助言を与えたり、社会党への配慮から首相ポスト禅譲のためには遺族会会長は退任しておいたほうが良いという野中の助言を聞き入れていたりと、柔軟な姿勢を随所で見せていた(薬師寺『村山富市回顧録』二一八頁、後藤『ドキュメント平成政治史1』三三五頁)。

しかし橋本は七月の自身の誕生日に、現職総理として中曽根以来ほぼ一一年ぶりに靖国神社を参拝した。中国の強い反発を受けると、中曽根同様、以後参拝を取り止めたが、この時点ですでに社民党(一九九六年一月に社会党が改称)やさきがけが政権与党内のブレーキとして効かなくなってきていることが明らかになっていた。選挙が近づく政党システムの力学はすでに社民党やさきがけの来るべき衰退を織り込んでおり、自民党内でも、他の連立パートナー模索や主たるライバル政党を意識して、リベラル派から保守派へと主導権が移り始めたのであった。

住宅金融専門会社(住専)などの不良債権問題を筆頭にバブル崩壊の後始末が橋本政権には重

くのしかかっていた。景気が低迷し、財政赤字が膨れ上がっていくなかで、官僚不祥事も頻発した。この時期さきがけから橋本内閣に厚生大臣として入閣していた菅直人が、薬害エイズ問題で官僚を御してリーダーシップを発揮し大きな人気を集め、菅は総選挙直前の九月、鳩山由紀夫らによる民主党結成に共同代表として合流していった。

こうして一〇月に新選挙制度の下、初めて実施された選挙では自民党と新進党が正面からぶつかるところに民主党が絡み、いずれの主要政党も行政改革を訴える展開となり、まさに新右派転換の再開を告げるかのような様相となったのであった。結果は、単独過半数の回復はできなかったものの自民党が復調、他方、新進党は微減、民主党は現有議席維持とともに伸び悩んだ。

とはいえ、連立与党の社民党とさきがけがともに惨敗に終わり、閣外協力に転じたことから橋本は厳しい政権運営を迫られた。そこで自民党は、有権者に対しては改革の姿勢をアピールしつつ、永田町では失望感の漂う新進党を中心とした議員の「一本釣り」作戦によって議席数の上乗せを図っていく展開となった。新右派転換がもはや新しい政党システムに内蔵されたメカニズムとなりつつあったことは、小沢と敵対し自民党に残った旧右派連合を支えた保守本流の竹下・小渕派の系譜が改革の担い手となっていることに示されていた。

橋本行革

行革のプロを自任する橋本は、行政改革会議を設置、自ら会長を務めた。中曽根行革では三公社の民営化が中心となり、官邸を若干強化した以外は国家機構の「本丸」に切り込むことができなかったことを受け、橋本は官邸・内閣機能の強化、中央省庁の統合・再編、簡素・効率的・透明な行政の実現などを中心課題として設定した。

われわれの取り組むべき行政改革は、もはや局部的改革にとどまり得ず、日本の国民になお色濃く残る統治客体意識に伴う行政への過度の依存体質に訣別し、自律的個人を基礎とし、国民が統治の主体として自ら責任を負う国柄へと転換することに結び付くものでなければならない。

「国際社会において、名誉ある地位を占めたいと思ふ」(憲法前文)という日本国民の願いは、このような政府を基盤として、国際社会に対して独自の提案や価値の発信を行い、公正なルール作りに向けて積極的な参画を行うことによってはじめて実現され得るものと信ずる。

という行政改革会議『最終報告』(一九九七年一二月三日)の「はじめに」の一節は、あたかも小沢の『日本改造計画』からそのまま抜き出したかのようである。こうして中曽根、小沢、橋本と新右派転換のリレーが行われていったのである。

橋本は、住専問題や大蔵省不祥事などを踏まえて財金分離に踏み切り、さらに中央省庁を一府一二省庁に統合・再編、イギリスのサッチャー政権で現業部門をエージェンシー化したことを手本に独立行政法人化を進め、首相補佐官制度の増強、内閣官房副長官を一名増員、新たに内政、外政、安全保障担当の三名の内閣官房副長官補を新設するなどした。

なかでも新設された経済財政諮問会議は、首相を議長に、少数の経済閣僚のほか日本銀行総裁、財界人、エコノミストを議員とし、予算編成の基本方針を始めとした経済財政政策を首相主導で行うための装置となっていった。

もっとも首相への権限の集中をもたらしたこれらの行政機構改革が実際に施行されたのは二〇〇一年であり、橋本本人はその法制化に骨を折っただけだった。後に、橋本ら田中・竹下派の系譜を目の敵にした保守傍流の岸・福田派系の小泉へと新右派転換のバトンがさらに渡されていくことになったわけである。

このほか「六大改革」と大風呂敷を広げた橋本が実際に手がけた重要な改革には、持株会社の解禁や金融異業態への相互参入規制の緩和などを含む金融システム改革や、歳出削減策を盛り込み財政健全化をめざした財政構造改革などがあった。しかし一九九七年四月からの消費税増税実施の判断とあいまって「橋本不況」と非難された景気の悪化がやがて橋本を追い込んでいったのであった。なお消費税の導入と増税は、このときに限らず法人税減税と所得税のフラット化（累進税率の引き下げ）とセットで進められていった。

日米同盟の強化と国際協調主義のかげり

橋本が推進した新右派転換は、内政面だけでなく安全保障分野にも連動していた。

一九九六年四月の「日米安全保障共同宣言――二十一世紀に向けての同盟」が発表され、「日米両国の将来の安全と繁栄がアジア太平洋地域の将来と密接に結びついている」という見方を繰り返したうえで、日米安保条約では「極東地域」（フィリピン以北ならびに日本およびその周辺の地域（韓国及び台湾地域も含む））に限定されている地理的対象を拡大しようという意図が示されたのであった（斎藤貴男『ルポ　改憲潮流』八六頁）。

これを起点として、日米同盟強化の流れが一気につくられ、翌一九九七年に新ガイドラインを決定、さらに小渕政権下で一九九九年には周辺事態法を制定した。まずは、平時、日本有事、日本の「周辺地域」での有事における日米両国の役割や協力・調整のあり方から着手したことになるが、その先には、憲法九条を完全に形骸化した日本の集団的自衛権の行使容認、すなわち地理的な制約を解除した自衛隊の米軍への事実上の統合がめざされていくことになったのである。

こうした動きには国内外の変化が背景にあった。冷戦終焉当初に見られた国連のより大きな働きへの期待が、国連改革を進めていたブトロス・ブトロス＝ガーリ事務総長とアメリカの反目とともにしぼみ、日米の「共通の価値観」をしきりに持ち上げた日米同盟の強化へとアメリカが踏みだしたのである。

この流れはさらに二〇〇〇年一〇月に発表された「米国と日本――成熟したパートナーに向けて」（いわゆる「アーミテージ報告」）によって加速した。新ガイドラインはあくまでもスタートにすぎず、米英の「特別な関係」を手本に日米同盟はより平等なものと発展していくべきであり、日本が集団的自衛権の行使を禁じていることはその制約となっていると主張したこの報告書の勧告は、小泉政権下での有事法制の整備などにつながっていった。

日本国内でもアメリカの対日政策の変化を受けて、国際協調主義概念の決定的なすり替えが始まっていったのである。

そもそも大平政権では、安全保障面での対米協調との緊張をはらみつつ、それとバランスを取るかたちで構想されていたのが、経済文化面での国際協調主義であり、その両者を統合したものが彼の「総合安全保障戦略」であった。そこから日米同盟強化によりウエイトを移したのが中曽根であった。そして国連中心主義をとったとはいえ軍事面へと国際協調主義を拡大解釈していったのが小沢であった。

橋本以降(小渕、森喜朗)、今度は中国、ロシア、韓国などに対しても積極的な外交努力が展開される一方で、本来、経済文化交流などを重視した多国間協調を指していた国際協調主義が、軍事と経済の両面での対米追随というおよそかけ離れた中身へとすり替えられていく転換点が訪れたといえるのである。

歴史修正主義バックラッシュの始まり

革新勢力という歯止めがもはや消失したに等しい状況において、国際協調主義にもかげりが見られはじめた。このことは、新右派連合で新自由主義と対になって表れる国家主義にもまた、復古主義的な性格が強まっていくことを意味していた。自社さ政権の枠組みの崩壊と軌を一にして、歴史修正主義バックラッシュが始まったのであった。

当然、国際協調主義全盛の時代においても自民党内には少なからぬ数の歴史修正主義者がいたわけだが、彼らは閣僚や党幹部の「失言」「妄言」といわれるようなかたちで存在を示してはは辞任や更迭の憂き目に遭うというサイクルを繰り返していた。中曽根政権における藤尾正行、竹下政権の奥野誠亮、羽田政権の永野茂門、村山政権の桜井新と江藤隆美などが挙げられる。

一九九三年に自民党が下野、しかも河野談話や細川首相の「侵略戦争」発言が注目を浴びるなか、一九九五年の戦後五〇周年が近づくと、より組織的な歴史修正主義の動きが見られるようになった。一九九三年八月に自民党は「歴史・検討委員会」を設置、ここで歴史修正主義の学者グループらとの連携がなされ、またさらに奥野や板垣正ら旧世代から衛藤晟一《えとうせいいち》、中川昭一、安倍晋三らの新世代へのバトンタッチが行われていった（俵義文「安倍首相の歴史認識の来歴をさぐる」四三―四五頁）。

しかしバックラッシュのもっとも直接的なきっかけとなったのは、一九九五年の村山談話とアジア女性基金の設立に続いて、一九九六年に検定に合格した一九九七年度用中学歴史教科書のすべてに「慰安婦」問題についての記述があることが報じられたことだった。この結果、一九九七年はまさに「バックラッシュ元年」となった。一月に西尾幹二、藤岡信勝、小林よしのりらによる「新しい歴史教科書をつくる会」が正式に発足、二月に自民党「日本の前途と歴史教育を考える若手議員の会」設立、そして五月に文化人や財界人を中心とした「日本を守る国民会議」と神社本庁など宗教系国家主義団体「日本を守る会」が組織統一して「日本会議」、そして国会議員部隊として「日本会議国会議員懇談会」が立ち上げられたのであった(俵義文『ドキュメント「慰安婦」問題と教科書攻撃』)。

こうした組織的な歴史修正主義の動きには、当初から文藝春秋やフジ産経グループなどがメディア・プラットフォームを提供し、まさにこの頃から『諸君!』『正論』の保守論壇誌などに「反日」という煽り言葉をタイトルに含む記事が急増していったと指摘されている(上丸洋一『『諸君!』『正論』の研究　保守言論はどう変容してきたか』三八九―三九一頁)。

しかも五五年体制であれば、復古的な国家主義の国会議員や議員連盟は自民党とせいぜい民社党の一部に留まっていたものが、自民党の分裂と社会党(社民党)の凋落によって、かえって自民党のみならず新進党や民主党などにも拡散し、超党派の動きさえ形成するようになっていたのである。

このようにして、政治エリート主導で復古主義的な国家主義が組織化され、人知れず政治システム内での主流化が準備されていった。従来は、個々の「国士」政治家が「妄言」の竹槍をもって突撃しては返り討ちに遭っていたようなものが、さまざまな部隊が相互に連携し隊列を組んで作戦を展開しはじめたようなものであった。

揺り戻しとしての一九九八年参議院選挙

行政機構改革、安全保障政策、そして歴史修正主義などの面において、橋本政権期に新右派転換が推進され、またさらなる転換への種がまかれたわけだが、「失われた一〇年」ともいわれる経済運営の失敗により、都市中間層の離反を招き、幹事長として一九八九年の参議院選挙惨敗を喫した橋本が、今度は首相としてそれに次ぐ大敗の屈辱を味わい、退陣を余儀なくされた。新右派転換に対する部分的な揺り戻しが起きたのである。

しかし、このときまでに自民党を取り巻く政党システムにも大きな変化が現れていた。自民党の「一本釣り」作戦が結実し一九九七年九月に衆議院で単独過半数を回復、小沢の手法などへの反発から内紛が収まらない新進党では行き詰まり感が蔓延していた。そこで突如一二月、小沢が新進党を解党、自らは自由党を率いるかたちで純化路線をとったのである。このとき残りの一部は自民党にたどり着き、また一部は民主党との連携を強め一九九八年四月に旧小沢派など保守系も合流した新・民主党が誕生した。自民党のメインのライバルが新進党から民主党に変わったのである。他方、旧公明グループは公明党を再結成した。

小沢が政界再編の第二ステージの口火を切ってまもない流動的な状況下の参議院選挙では、自民党が大敗したものの明確な勝者はいない選挙結果となった。民主党が議席を伸ばし野党第一党の地位を固めたとはいえ、自由党や公明党との連携は不発、自民党に対抗する政権戦略が描けたわけではなかった。めまぐるしく政治家や政党の離合集散が繰り返されるなか唯一孤高の野党を貫いてきた共産党が躍進したのも、政治改革以来の政党システム全体に対する多くの有権者の嫌気が表されたものと見られた。

「真空総理」小渕と「ゆ党」民主党

橋本の後釜となったのは梶山と小泉の挑戦を退けた小渕であったが、いわゆる「ねじれ国会」のため参議院での首班指名で民主党代表の菅直人に破れる厳しい船出となった。しかも、さっそく景気低迷と金融危機への対応を迫られた。難航を極めた金融再生関連法案の審議の果て小渕は民主党案の「丸のみ」を決断、金融早期健全化法案については自由党と公明党の支持を取り付けて成立させた。

「パーシャル(部分)連合」でまずは結果を出していったわけだが、防衛庁長官に対する問責決議が参議院で可決、辞任を余儀なくされると、政権基盤の不安定さがやはり露呈したかたちとなった。ここで公明党との連立へ向けた予備段階として自由党との連立協議を進め、政府委員制度廃止と副大臣制導入や衆議院比例区での定数削減、新ガイドライン関連法案などの安保法制整備といった小沢の要望の多くを受け入れ、さらなる公明党との連立をにらんで地域振興券支給を決めたのであった。

こうした小渕の融通無碍《むげ》ないし無節操は「真空総理」と評されたが、この背景には金融国会を「政局にしない」と宣言して小沢を失望させ、野党共闘路線から離脱させた菅・民主党の失敗があった。何でも反対する万年野党ととかく批判された社会党の二の舞を避けたい一心で、オルタナティブとしての政権担当能力をアピールしようとした菅の方針は、「野《や》党」でも「与《よ》党」でもない「ゆ党」と揶揄された。

他方、自自公連立へと向かった小沢にしてみれば、新進党を率いて正面から自民党に挑み政権奪取をしようとしたものが失敗に終わり、今度は連立で自民党の懐に飛び込み揺さぶりをかけてみようということだったかと思われる。

公明党は、細川・羽田連立内閣を経て地下鉄サリン事件の起きた自社さ政権において自民党と敵対関係に立つ過程で、政教分離問題などとの絡みで自民党から威嚇されてきたことが効いていた。あまりあからさまな方向転換はできないので、「ワンクッション」として自由党を挟もうという同床異夢の自自公三党連立は一九九九年一〇月に完成することになる。

自自公連立から自公連立へ

民主党を潜在的な対抗勢力とみなし、自自公へと舵を切っていく小渕政権は、一方で自由党にせっつかれるようにして橋本政権下で始まった国家主義的な政策転換を進めていき、他方で公明党提案の地域振興券配布に限らず「世界一の借金王」と自称したほどまでの赤字国債に依存した公共事業や減税(法人税や所得税など)の景気刺激策の拡充を行った。「真空総理」だけに新旧の右派が混在していたといえるだろう。

また国際協調主義の名残という点では、野中官房長官を中心として、韓国政府からの要望があり公明党や自由党が賛成している永住外国人への地方参政権付与に積極的な姿勢を見せたり、一九九五年北京での第四回世界女性会議の流れを受けて一九九九年に男女共同参画社会基本法を制定したりした。

ただ新右派転換の流れのなかで考察したとき一番重要なのは、保守本流の小渕派が担った政権であったにもかかわらず、民主党にくさびを打ち込み、公明党を呼び込むために不可欠であった自由党をつなぎ止めるために、周辺事態法を含めた新ガイドライン関連法、通信傍受法（盗聴法）を中心とした組織的犯罪対策三法、国旗・国歌法などを次々と成立させたことであった。狙いどおり、民主党は分断され翻弄《ほんろう》された。

小渕はまた橋本から引き継ぐかたちで、労働者派遣法を改正し、派遣労働の非対象業務を限定列挙するネガティブリスト方式に改め原則自由化した。この背景には一九九五年に日経連が出した報告書『新時代の「日本的経営」』があった。人材ビジネスや財界主導の雇用柔軟化、非正規化が本格的に始まったのである。

しかしひたすら自民党の補完勢力に徹して政権の旨味にありつこうという公明党と、自民党を壊そうとばかりに次々と難しい「改革」要求を突きつけてくる自由党の双方との連立には無理があった。小沢が連立離脱を切り札に再三揺さぶりを掛けてくるなかで、ついに「真空総理」は破裂したかのように病に倒れ死去。自公を中心とした新しい連立枠組みで森が五人組（青木幹雄官房長官、森幹事長、野中幹事長代理、亀井静香政調会長、村上正邦参議院議員会長）による密室協議の結果後任と決まった。

世代交代と保守本流の分裂

さきに歴史修正主義的な国家主義者グループにおいて、安倍たち新世代へと継承と交代が行われたことについて触れたが、それと対照的に、同じ一九九〇年代後半以降の世代交代に失敗したのが、旧右派連合のなかで保守本流を担ってきた竹下・小渕派の系譜と宏池会であった。

竹下・小渕の経世会・平成研究会の流れでは、橋本から小渕に首相交代となる際に大幹部の梶山が会長の小渕に背いて総裁選を争うという異常な事態を経験した。さらに二〇〇〇年に小渕と竹下が相次いで死去するという不運に遭い橋本派となったものの、竹下亡き後の派内の意思統一を取り仕切る立場にあった野中と参議院のボス・青木に溝が生まれ、派閥としての求心力は急速に低下した。

一方、宏池会では宮澤の後を河野と加藤紘一《こういち》が争い分裂、加藤が宏池会会長に就いたが自社さから自自公への政権枠組みの転換にはじき出され、森政権の混迷のなか二〇〇〇年一一月に「加藤の乱」に失敗し、名門派閥の無残な分裂に至ってしまった。加藤はさらに二〇〇二年に事務所代表の脱税事件で一旦議員辞職を余儀なくされた。

何よりも決定的だったのは、かつて自社さ時代に加藤とタッグを組んだ野中が、橋本、小渕、森と政権がつづくなかで自自公の担い手となり「影の総理」と呼ばれるまでの力をつけていたのが、今度は幹事長として清和会（森派）会長の小泉とともに森総理を守り、加藤の乱を完膚なきまでに鎮圧したことであった。首相候補の弾が尽き、分裂を重ね、相互の連携まで崩壊した姿で保守本流は二一世紀に突入していったのである。

それはあたかも旧右派連合の死屍《しし》累々《るいるい》とした光景であった。都市中間層にそっぽを向かれた森政権の支持率は一桁台に突入、竹下政権の史上最低記録に迫るところまで来ていた。

第三章　「自由」と「民主」の危機

——新右派連合の勝利

1　小泉政権――「政治の新自由主義化」の時代

パフォーマンスの政治へ

不人気を極めた森喜朗が辞意を表明し総裁選が行われると、森派会長として政権を支えていた小泉がメディア旋風を巻き起こし、橋本、麻生太郎、亀井静香を破って当選した。八〇％にも達していた内閣不支持率が、一夜にして支持率約八〇％へと反転するほどに無党派層の態度に急激な変化が見られたのである。

これには二つの伏線があった。一つめは、反面教師としての森とその選出方法である。五人組による密室の談合という、ソ連のクレムリンまがいの非民主的で不透明なプロセスのもとで首相として選出されたことにより、森政権には最後まで民主的正統性の点で疑問がつきまとった。内閣支持率が一桁にまで落ち込み、保守本流に人材が払底したなか、自民党は起死回生の人気浮揚策として、最大限に視聴者参加型の幻想を振りまく仕掛けで総裁選を実施したのであった。

実際には党所属の国会議員や党員でなければ選挙権はないわけだが、あたかも自民党がテレビをハイジャックしたかのように、父・角栄譲りの庶民的な語り口に長けた田中眞紀子とタッグを組んで小泉が全国遊説する姿や、四候補がそろって所信表明や討論を行う様子が延々と映しだされた。

もう一つは、メディア化されたポピュリズム政治の失敗した先例としての加藤の乱であった。その結果、政治腐敗のイメージのつきまとう旧竹下派支配が続いたうえに、経済失政で退陣したばかりの橋本が派閥の力を背景に再登板するかに見えたなかで、本当はつい先ほどまで森政権を支えていた小泉が突如「改革の旗手」としてクローズアップされた。加藤の乱の失敗で行き場を失っていた「民意」のマグマが小泉にはけ口を見出したかのようであった（中北『自民党政治の変容』二〇六—二〇七頁）。

むろん、ロゴス（理性）よりパトス（情念）に訴えるパフォーマーとしての小泉の大性の才能がそこにはあった（内山融『小泉政権——「パトスの首相」は何を変えたのか』一一—一三頁）。もともと「政策は支持しない」とうそぶきながら清和会の留守を預かる長として森政権を守りつづけていたのが、舌の根も乾かぬうちに派閥や自民党を「ぶっ壊す」と絶叫する改革者として絶賛を浴びるというように、小泉には、論理破綻を飾らぬ本音に見せかけ支持に換える、独特の「明るいシニシズム」があったのである。首相在任中、小泉はたびたびこの「才能」により難局を乗り切り、また政治の質を劣化させた。

新右派転換の蓄積

政治家としての小泉の特異な資質もさることながら、小泉以前の新右派転換の成果の蓄積によってすでに「舞台装置」が整えられていたことが、小泉の長期政権と多岐にわたる改革を可能にした側面も無視することができない。

中曽根の臨調以来、三次にわたる行革審、そして橋本の行政改革会議などにおいて、しばしばNHK、日本経済新聞、読売新聞など報道機関のトップ級が委員として政策過程に参加するようになっており、総じてマスコミは「改革派＝善玉」「抵抗勢力＝悪玉」の二元論を含意する報道を行うようになっていた。ましてや小泉の総裁選での勝利は、マスコミが小泉の改革派イメージを盛りたてて派閥の力学を打破して達成されたのであり、小泉はメディアとりわけテレビがつくり上げた総理の要素があった（逢坂巌『日本政治とメディア――テレビの登場からネット時代まで』二七八頁）。

こうしたマスコミ世論の支持を支えにして、小泉は総裁・総理として手にした集権的な制度を縦横無尽に駆使して強力なリーダーシップを発揮することができたのである。

その一つは、小沢らが実現した選挙制度改革による小選挙区制の導入である。従来の中選挙区制では、自民党から異なる派閥に後押しされた複数の候補が競い合っていたがゆえに党としてのまとまりを欠き、政党間の政策ベースではなく個々の政治家による利益誘導ベースの選挙となる傾向があったわけだが、同時にそのことが自民党内に一定の多様性を生み、議論を活性化させていた側面があった。

しかし小選挙区制では自民党の公認候補は一人に絞られることになり、派閥の力が弱体化し、代わりに党中央の総裁・幹事長が公認と政治資金について強大な裁量権を手にするようになったのである。二〇〇五年の郵政選挙で小泉が「抵抗勢力」を駆逐し、「刺客」候補をしむけることができたのは、こうした変化があってのことであった。かつて最後の最後まで小選挙区制導入に小泉が反対していたことは皮肉というほかない。

小泉はまた政権当初の絶大な人気を背景に、出身派閥の清和会と青木の仕切る参議院自民党を例外として派閥の領袖への相談もなく、各派の次世代クラス（安倍、麻生、谷垣禎一《さだかず》、中川昭一、平沼赳夫、石破茂など）を直接登用し競わせることにより、首相の求心力を高め、派閥をさらに弱体化することに成功した。なお、こうして小泉に取り立てられた中堅若手のほとんどが、歴史修正主義者を数多く含む国家主義的傾向の強い政治家たちであったことも見落とせない。

もう一つは、二度目の対決で打ち破った橋本が総理時代に成し遂げた首相官邸の強化であった。外交安全保障もしかりだが、とりわけ懐刀《ふところがたな》となった経済学者・竹中平蔵らを経済財政諮問会議で重用し、次々と構造改革路線の政策を推し進めたり、郵政民営化改革を強行したりできたのは、これもまた皮肉なことに橋本のおかげであったのである。

さらにいえば、野中や小渕が小沢を踏み台にしてつくった自公連立が小泉への（意図せざる）置き土産となり、「ねじれ国会」というかたちで二院制が行政府を制約する状況が回避されたことも大きかった。

イギリスでサッチャーが「既得権益」を打破し「自由経済」を実現するために、首相府への権限の集中による「強い国家」の樹立を必要としたことは序章で触れたが、日本においても中曽根行革以来、首相と官邸に権力集中を進め「最高経営責任者（CEO）」化する新自由主義的な政治改革の数々が、小泉が暴れる舞台装置を整えていたわけである。

聖域なき構造改革と郵政民営化改革

こうして「首相支配」「二〇〇一年体制」（竹中治堅『首相支配――日本政治の変貌』）といわれるまでの強大な権力を集中し、小泉はさらなる新自由主義改革に邁進した。重要なのは、小泉の進めた改革が同時に旧右派連合の総本山ともいえる橋本派に対する攻撃でもあったということである。新右派転換は常に政策変化と権力闘争の両面を持っていたのであり、橋本派の牙城《がじょう》であった道路などの公共事業や郵政三事業が目の敵にされたのは理由なきことではない。小泉は、秘書として福田赳夫に仕えた頃からほぼ一貫して負けつづけた角福戦争の延長戦で、橋本派を徹底的に揺さぶり壊すことに成功し、最後に笑ったというわけである。橋本派は日歯連（日本歯科医師連盟）からのヤミ献金事件が明るみに出てさらにボロボロになった。

しかし社会的公正の視点を欠いた新自由主義の立場からの恩顧主義への攻撃はまた、格差社会の形成を加速することにも直結していた。経済財政諮問会議を用いトップダウンの政策決定を実現した小泉は、任期中毎年度三―四％の公共事業費の削減を実現した。歳出削減を増税に優先させる「小さな政府」路線を貫いたのであった。また、いわゆる「三位一体改革」も行われたが、実際には補助金と地方交付税の削減が税源移譲を大きく上回り、これらの改革は合わせて地方経済に大きな打撃を与え、中央との格差を広げる結果を生んだ。

同様に予算を圧迫している社会保障費を抑制すべく、小泉は福祉分野にも切り込んだ。医療費について患者負担と保険料率の引き上げと診療報酬の引き下げをセットにした「三方一両損」の改革を行い、後期高齢者医療制度を創設した。年金に関連しても、所得税法における老齢者控除の廃止と公的年金等控除の見直しを行った。

また不良債権処理を「金融再生プログラム」で推進し、資産査定の厳格化、金融機関のガバナンス強化などと合わせて自己資本の充実を求め、必要に応じて公的資金の注入を行っていった。ちなみに二〇〇三年に公的資金の注入を受けたりそな銀行に限らず、三井住友銀行、三菱東京ＵＦＪ銀行、みずほ銀行などのメガバンクがふたたび法人税を納税するようになっていくのは、ようやく民主党政権末期の二〇一二年以降のことであった。

小泉はさらに、小渕がネガティブリスト化した派遣労働の規制をいっそう緩和し、製造業でも解禁に踏み込んだ。この結果、一九八五年では一六％（男性七％、女性三二％）だった非正規雇用の割合が、二〇〇五年までには倍の三三％（男性一八％、女性五二％）にまで悪化した。こうして、小泉政権期とほぼ重なる二〇〇二年から二〇〇八年の間、七三カ月に及ぶ戦後最長の好景気となり、二〇〇六年に企業は当時の過去最高益を記録したが、労働者の賃金が上がることはなかったのであった。

こうした格差の広がりから目を逸らすことに寄与した演出の一つが、小泉の華々しい「既得権益」との対決であった。いずれも橋本派のプレゼンスが高い道路族と郵政族と激突した道路関係四公団と郵政三事業の民営化は、「第二の予算」と呼ばれ特殊法人等を支えてきた財政投融資資金の「出口」と「入口」を塞ぐことによって官業による民業の圧迫を妨げるという「大義」が喧伝《けんでん》された。だが、トップダウンで「抵抗勢力」を追いつめる改革の旗手としての小泉の人気浮揚効果のほうが、改革の実質的な成果以上に明確に表れたといえた。

その究極が二〇〇五年の「郵政解散」であった。小泉劇場のクライマックスとなったこの総選挙において、小泉は郵政民営化を単一争点とする「女性刺客」対「抵抗勢力」の構図でメディアジャックすることに成功し、公明党をくわえた連立与党で三分の二を超え、自民党単独でも三〇〇議席に迫る圧勝を導いた。小選挙区制では自公合わせて四九％の票で七五％の議席を得るという、多数派ならぬ「少数派支配」装置としての小選挙区制の効果がフルに発揮された結果であった。

小泉はこの総選挙を郵政民営化についての国民投票と言い切っていたが、賛成は自公の候補のみで他のすべての政党が反対であったことを考えると、現実に国民投票であったならば否決に終わっているところが、実際には総選挙での圧勝だったわけである。

ところで巧みなメディア戦略などで都市部の無党派層の「柔らかい支持」の調達におおむね

成功した小泉であったが、その構造改革路線は旧右派連合の伝統的支持基盤を崩すことによって自民党の固定票を危うくするものであったことは間違いない。そうしたなかで小選挙区における創価学会票の重みが自民党候補者にとっても相対的に増していくと同時に、日本会議に結集したような宗教右翼組織などの国家主義的な情念動員も利益誘導にとって代わるものとして重要になっていった。

靖国参拝、排外主義、ジェンダー・バックラッシュ

国内で進行する格差社会の現実から国民の目を逸らすもう一つのトリックとして作用したのが、小泉の靖国参拝で煽られた国家主義や対中感情の悪化であった。もともと小泉には首相就任以前(あるいは以後)に靖国参拝にこだわった形跡があるわけではない。それが当初の自民党総裁選で、元遺族会会長であったにもかかわらず総理在任中に靖国参拝を一度で取り止めた橋本に対抗し、国家主義者である亀井と連携するために突如「公約」として毎年八月一五日に必ず参拝すると言い放ったのが始まりであった。

実際、小泉は議員や大臣としてのキャリアのなかで外交安全保障についてこれといった強い関心を持っていたとはいえず、首相となるまで靖国問題がどれほどまでに中国や韓国の反発を

招くのか十分に理解していなかったかに見える。終戦記念日を避けて配慮を示したつもりが中韓の批判は止まず、かえって意固地になっていった側面が否めないのである。参拝は「心の問題」でとやかくいわれる筋合いはないと開き直った小泉であったが、その心情はむしろ浅薄なものであった。

むろん日中間の関係悪化については、中国版新右派転換の進行するなか愛国心の喚起によって共産党独裁の求心力を確保しようとする江沢民国家主席ら指導部の動きがあったことも無視できないが（毛里『日中関係』一五四―一五六頁）、それでも小泉政権において北東アジア外交が戦略性を欠いた行き当たりばったりのものであったことを覆い隠せるものではない。

しかし国内政治の観点からは、田中角栄や大平など旧右派連合のリーダーたちが推し進めてきたアジアとの和解、そしてさらに中曽根以降の新右派連合のリーダーたちでさえ掲げてきた国際協調主義の一環としての歴史問題への取り組みを「ぶっ壊す」ことは、保守本流の系譜の穏健派を分断あるいはパージし、清和会など保守傍流に多い復古主義的な国家主義者たちを一翼として自民党内の新右派連合を再構成するには絶大な効果があったのである。郵政民営化においては最終的に小泉は亀井や平沼らと決裂したが、竹中らの構造改革路線をアメリカなどの多国籍企業に国富を売り渡すものと嫌悪する国家主義者たちも、靖国参拝については小泉に喝采《かっさい》せざるを得なかったのであった(中野「ヤスクニ問題とむきあう」四〇二―四〇八頁)。

小泉や安倍らが「率先垂範」してつくり出した「保守反動」の流れは永田町に留まらず、社会により広く行き渡っていった。二〇〇〇年より地方レベルで男女共同参画条例が数多く制定されだすと、瞬く間にジェンダー・バックラッシュが始まった。国政レベルでこれを牽引したのが、自民党の安倍らにくわえて当初は民主党に所属していた山谷えり子などであった。

石原都政下にあった東京都においては、二〇〇三年七月に養護学校での性教育に対して一部都議が政治介入する事件が起きたが、さらに一〇月、式典などでの日の丸掲揚と君が代起立・斉唱を都立学校教職員に義務化する通達が出され、多くの教員らが処分を受ける事態となっていった(のちに教育委員会による厳しい処分を裁量権の乱用と認定する判決が相次ぐ)。

大阪や東京などで都市再開発に関連して、公園など公共空間から自治体が野宿者排除の動きを強めたのもこの頃からである。

また、出版業界で「ヘイト本」なるジャンルができるきっかけになったと指摘される『マンガ嫌韓流』が、二〇〇五年七月に出版された。日本のネオナチにもなぞらえられるヘイト・グループ「在日特権を許さない市民の会(在特会)」が正式に発足し、インターネットから街頭へと活動を移したのは二〇〇七年一月であった。

安倍や中山成彬《なりあきら》ら小泉政権の複数の閣僚が若手議員として関わった歴史修正主義バックラッシュの開始から一〇年、二〇〇七年度から使用される中学歴史教科書全社の本文から「慰安婦」についての記述が再び消えた。他方、野中などが公明党と連携して取り組んできた永住外国人への地方参政権の付与も、小泉政権期にはすっかりお蔵入りした状況となった。小泉政権期に国際協調主義はもはや見る影もなく消失した。

同時多発テロと対米追随

こうした小泉の外交姿勢を典型的に示したのが、二〇〇五年一一月一六日のジョージ・W・ブッシュ大統領との日米首脳会談後の共同記者会見での下記の発言である。

日米関係が良すぎたり緊密すぎたりすると、日本は方向性を失ってしまうため、日米関係はほどほどにという意見が一部にあるようだが、私はこのような考えはとっていない。日米関係が緊密であればあるほど、中国、韓国、アジア諸国との関係にも貢献するのである。第二次世界大戦の経験、及び戦後六十周年であること、また、過去、現在、将来を踏まえても、日米関係の重要性は変わらないのである。いかに平和・安全を確保し、日本の安定をはかっていくかという観点からも日米関係は重要である。

後日小泉は質問に答えて「日米関係さえよければ、他の国はどうでも良いということは、私は一言も言ったことはない。日米関係が良ければよい程、各国とも良い関係を築いていくように努力しなければならないし、それはできると。日米関係を悪くして、他の国といい関係を築こうと、そのようなことを思わない方がいいということを言ったつもりである。日米同盟と国際協調。これは日本の基本方針である。外交の。これはこれからも変わりない」(二〇〇五年一二月一四日、東アジア首脳会議後の内外記者会見にて)と釈明したが、ちょうどブッシュ政権と重なった小泉政権期の日中・日韓外交の軽視と、単なる対米協調や日米蜜月を超えた対米追随路線への転換がよく表れている。これは経済分野における構造改革路線に限らず、外交安全保障分野でも同じだった。アメリカ側もまた、小泉がアメリカの意向に沿う改革を進める代償として、靖国参拝などの歴史修正主義の台頭を「健全なナショナリズム」の発露とみなし、容認あるいは歓迎さえする姿勢を示して応えた。

そもそも小泉外交は、変人宰相の「生みの親」田中眞紀子外相と、機密費などをめぐる不祥事が明るみに出ていた外務省や鈴木宗男らとの軋轢《あつれき》で始まった。そしてまもなくアメリカへの同時多発テロが起きると、いよいよ外交安全保障政策の主導権は橋本行革によって強化されていた首相官邸へと移っていった。

他方、瀋陽における日本国総領事館で、北朝鮮からの亡命者が駆け込みを図り中国武装警察に身柄を拘束される事件が発生し、その対応をめぐっていわゆるチャイナ・スクールに対する右翼論壇などからの批判が噴出した。一連の混乱は、「国益」を強調し「外交戦略策定機能の強化」を標榜する外務省機構改革へと結びつき、結果的に外交安全保障政策のさらなる新右派転換を後押しする格好となった。

テロ対策特別措置法が官邸主導で制定されたが、「非戦闘地域」に限定されている建前であったとはいえ、現に戦争が行われている国に自衛隊が派遣されることになったのである。米軍などのアフガニスタンのタリバンに対する軍事行動への協力に留まらず、ブッシュが(後に存在しなかったことが明らかになる)大量破壊兵器の武装解除を口実に国連安保理決議を経ずしてイラク戦争を始めると、直ちに支持を表明しイラク特措法制定で追随したのであった。こうした小泉の対応を大局的見地からの戦略的判断ではなく、「湾岸戦争のトラウマ」に起因する「強迫観念に突き動かされた行動」とする内山の分析は正鵠を射たものといわざるを得ないだろう(内山『小泉政権』一三二―一二四頁)。

小泉政権においてはまた、武力攻撃事態法や国民保護法などの有事法制の整備も進んだが、これらは民主党の賛成も得て行われた。

民由合併——オルタナティブ形成への険しい道

さて、自民党に代わりえる政権党(オルタナティブ)へと脱皮を目指す民主党は、大同団結を図り旧新進党系の保守派を吸収すると、今度は自民党から国家主義の牽制球を投げられ浮き足立ってしまうというジレンマを抱えていたが、小泉政権が誕生し「改革政党」の旗印を自民党が奪う格好となると、いよいよ難しい舵取りを迫られた。小泉首相在任中に、鳩山、菅、岡田克也、前原誠司、小沢と実に五人もの代表が慌ただしく交代を繰り返したことが、いかに小泉を攻めあぐねていたかを表している。

実際には、この時期の民主党は二大政党制化傾向の上昇気流に乗って地道に党勢を拡大していたのであるが、それは自民党というよりも野党陣営の他党とりわけ社共両党から議席を奪取してくるかたちになっており、まさに政党システム全体の新右派転換がさらに進捗するという様相であった。小泉政権発足まもない二〇〇一年参議院選挙では、自民党、民主党、自由党がともに三、四議席ずつ改選議席に上乗せする一方、共産党、社民党がそれぞれ三、四議席ずつ減らしたのであった。

そして二〇〇三年に自由党が民主党に統合される「民由合併」が敢行された後の衆議院選挙では、民主党は四〇議席を上乗せする躍進を遂げたが、これは自民党が一〇議席減に対して、社民党が一二議席減、共産党が一一議席減と政党システムがいっそう右傾化する全体像のなかでのことであった。さらに二〇〇四年参議院選挙では、ついに民主党は改選議席に一二議席を上乗せした五〇議席を獲得し、小泉自民党の改選議席一減の四九議席を上回る「勝利」を収めたのであるが、このときも共産党が一一議席を失っていた。

二〇〇三年の衆議院選挙以降、民主党はマニフェストを前面に掲げて選挙戦を戦っていた。二〇〇四年参議院選挙においても、改革政党を標榜する二大政党による新自由主義的な「政権選択」選挙の争点設定に、社共をはじめとした小政党は無力であったのである。

こうした流れのなかでの二〇〇五年の「郵政解散」による自民党の圧勝は、民主党にとって大きな挫折であったとともに、基本的に同じ方向つまり新右派転換を志向する二大政党制がいかに脆弱なものであるかを露呈したのであった。

しかし、ここでかつての新右派転換のリーダー小沢が、新生党、新進党、自由党を経て、二〇〇六年に民主党代表の座につき、対米追随的な新自由主義と復古主義的な国家主義傾向が際立つようになった自民党と明確に対峙する道を選び、「国民の生活が第一。」路線に大きく方針転換を進めていった。五五年体制での万年野党(オポジション)であった社会党よりはだいぶ右にシフトした政策位置ではあったが、新右派連合が勝利を収めた自民党に対抗するオルタナティブとしての民主党がとりあえずかたちを整えた。

2　安倍政権——そして「反自由の政治」が現出した

ポスト冷戦時代の復古的国家主義プリンス

小泉から事実上の後継指名を受けたのは、「昭和の妖怪」といわれた岸信介の孫、安倍晋三であった。安倍は、初めての戦後生まれの首相であったばかりでなく、一九九三年に初当選を遂げたポスト冷戦期の政治家であった。政界入り前に、父・晋太郎のもとで外相秘書官を務めたのも新右派転換を始めた中曽根康弘政権でのことだった。このことは、安倍政権の新右派的性格と密接につながっている。

政治家としての安倍のキャリアは、野党議員として始まった。それればかりか自民党が下野する直前には駆け込みで河野談話が発表され、細川新首相は「侵略戦争」と発言しており、ようやく自民党が政権復帰を遂げたのは社会党の村山を担いでのことであった。戦後五〇周年の国会不戦決議に安倍は最前線に立って反対し欠席するも、その代わり村山談話を閣議決定されてしまう。その後のアジア女性基金、中学歴史教科書全社での記述というように、「慰安婦」問題においても安倍は「敗北」の連続を味わった。のちに「日本を、取り戻す。」を選挙スローガンとしたのは、民主党から政権を奪還しなくてはならないという決意を示しただけではなかったのである。そうした安倍が一九九七年からの歴史修正主義バックラッシュの若手旗手の一人となったことについては既に第二章でふれた通りである。

くわえて、安倍の急速な出世は、北朝鮮による拉致被害問題の展開とも切り離すことができない。冷戦期に社会的反響の希薄だった拉致問題が急速に注目を浴び始めるのは、北東アジア情勢が流動的になった一九九七年頃からのことで、とりわけ二〇〇二年九月の小泉電撃訪朝と日朝平壌《ピョンヤン》宣言以降、「特に朝鮮半島や中国に対しては、常に加害者としての内省を迫られ続けていた日本が、戦後初めて「被害者」の立場となったことに勢いを得た、どこか鬱屈《りっくつ》感と歪《ゆが》みの伴った「反北朝鮮ナショナリズム」」（青木理『ルポ　拉致と人々――救う会・公安警察・朝鮮総聯』一三頁）が燃え盛り、対北朝鮮強硬派として鳴らした安倍の人気はうなぎ上りとなったのであった。

こうして徹頭徹尾「被害者意識」に裏打ちされた安倍やその盟友たちポスト冷戦新世代の復古的国家主義は、皇国日本が近代化の過程で戦ったすべての戦争は「国を安んずる」ため(安国/靖国)すなわち平和のため、自存自衛のための戦争であったとする「靖国史観」の「被害者意識」(中野「ヤスクニ問題とむきあう」三九四―四〇一頁)と完全な一致を見たわけである。

グローバル化時代の国家主義の特性

他方で、安倍本人が繰り返し憧憬《しょうけい》の念を示している祖父・岸信介との大きな違いとして、安倍の国家主義に見られる新自由主義的特性が挙げられる。

岸は学生時代に北一輝の国家社会主義の影響を受け、戦前、商工省の革新官僚として統制経済を指揮し、満洲国経営にあたった(原彬久『岸信介――権勢の政治家』二三―七六頁)。戦後もまた、公職追放解除直後に社会主義者らとの連携を模索し、右派社会党への入党を打診したほどであり、保守合同路線に転じてからも当面は「憲法改正や防衛力増強よりも、「計画性」の枠内での「自由競争」、「福祉国家の実現」、生産力増強のための労使協力など」を重視したのであった(中北浩爾『一九五五年体制の成立』一二五頁)。

岸が初代幹事長に収まった自由民主党結党時の綱領が「わが党は、公共の福祉を規範とし、個人の創意と企業の自由を基底とする経済の総合計画を策定実施し、民生の安定と福祉国家の完成を期する」と謳っていたのには、こうした背景がある。こうした岸ら旧世代の国家主義者たちの発想が、強い国家のために強い国民が必要という経済的判断だけでなく、革新勢力が深刻な脅威をなしていた時代に、階級闘争を和らげ「ひとつの国民(One Nation)」としての意識を喚起することが不可欠という政治的判断にもとづいて旧右派連合の形成に向かっていったことは既に第一章で論じた通りである。

これと対照的に、小泉政権で安倍が内閣官房長官を務めていた際、結党五〇周年を期に採択された新綱領(二〇〇五年綱領)では、「小さな政府を」という項が設けられ、「私たちは、国、地方を通じて行財政改革を政治の責任で徹底的に進め、簡省を旨とし、行政の肥大化を防ぎ、効率的な、透明性の高い、信頼される行政をめざします」と規定するのみで、ほかには少子化対策の推進によって「持続可能な社会保障制度を確立」するという項目があるくらいであった。事実、安倍は若手の頃厚生族といわれたわりには、第一次政権でホワイトカラー・エグゼンプション(「残業代ゼロ」法)の導入を画策し、年金記録問題を軽視して民意の離反を招いたほどに、国民統合の物資的な内実を担保するための社会経済政策への関心は薄かった。

「戦後レジームからの脱却」を急いだ安倍はわずか一年の在任期間で、教育基本法を改定し「我が国と郷土を愛する」態度を養うことを教育の目標に盛り込み、防衛庁を防衛省へと格上げし、改憲プロセスを可能にするために国民投票法を制定し、教員免許更新制を導入して教育の政府統制を強化、さらには集団的自衛権行使容認に向けた検討に着手したのであった。

こうした安倍の新右派アジェンダにキヤノン出身の御手洗《みたらい》冨士夫が会長を務めていた日本経団連が呼応し、その政策提言に「新しい教育基本法の理念に基づき、日本の伝統や文化、歴史に関する教育を充実し、国を愛する心や国旗・国歌を大切に思う気持ちを育《はぐ》む。教育現場のみならず、官公庁や企業、スポーツイベントなど、社会のさまざまな場面で日常的に国旗を掲げ、国歌を斉唱し、これを尊重する心を確立する」(『希望の国、日本　ビジョン二〇〇七』)という一節を書き込んだ。皮肉なことに、当時キヤノンは外資比率が五〇%前後で推移するグローバル企業で、日本国内では偽装請負問題で労働者派遣法違反などに問われていた。

このことは、「湾岸戦争トラウマ」をきっかけとする国際協調主義の軍事転化以降、安全保障政策の目的が日本という国民国家の防衛から市場経済秩序の維持へとシフトしていたことを反映していた(斎藤『ルポ　改憲潮流』八七頁)。はっきりいってしまえば、安全保障が守るとする対象が国民国家からグローバル企業に変わっているわけだが、これを覆い隠すためにことさらにナショナリズムの煽動が行われるようになったことを見逃すことはできない。

ところで、小泉政権期と同様、アメリカのブッシュ政権がこれを「健全なナショナリズム」の表出として容認しつづけたことはいうまでもない。しかし議会のほうでは既に小泉の靖国参拝からの一連の歴史修正主義的動きに対する反発が広がっており、二〇〇七年七月末、下院は「慰安婦」に対する謝罪などを求める一二一号決議を可決した。同年九月、日米同盟、アジア太平洋地域の安定に果たす日本、そして「対テロ」戦争における日本の貢献を評価する決議（五〇八号決議）を下院は可決し、安倍政権に対する一定の配慮を示すかたちをとったが、軍事面などでの対米追随とバーターで歴史修正主義のお目こぼしを頂戴する手法に限界があることが明らかになってきていた。

二〇〇七年参議院選挙に始まった揺り戻し

しかし、「美しい国へ」と安倍が邁進するあまり、失われた年金記録の問題や格差社会問題への対応をないがしろにしていたことや、国家主義者としては安倍の兄貴分ともいえる盟友の衛藤晟一を含む郵政造反組の復党を許したことにくわえ、閣僚らの事務所費問題や失言が相次ぎ、安倍は急速に支持を失っていった。

こうして迎えた二〇〇七年参議院選挙の結果は、民主党が初めて自民党から非改選議席を含めて参議院第一党の座を奪う圧勝となった。自公連立与党を合わせても過半数に大きく届かない「ねじれ国会」の再来となったのである。なお、このとき初めて自民党の失った議席数と民主党の勝ち取った議席数がほぼ一致する状況が生まれたが、二大政党の正面対決の前にかすんだ社共はさらに議席を減らした。いずれにしても、これで小泉から始まった新右派転換の大波は一旦沈静化する。

当初安倍は、歴史的な惨敗にもかかわらず続投を決意し、内閣を改造、国会を開会し所信表明演説を済ませたが、代表質問を直前に控えた段階で突如、辞任を表明し入院してしまった。首相臨時代理も置かなかったことから約二週間、日本の総理大臣が事実上不在になり、愛国者を自称する安倍にしては国家の危機管理の観点からもあまりにお粗末な末路であった。あまりの失態に、この時点で安倍が五年後に政権復帰を果たすことになると思った者はいなかっただろう。

安倍の後任には、森から数えて四人連続で清和会出身となる福田康夫が麻生を破って就任した。安倍に続いて元首相の子か孫という「スーパー世襲」議員としては二人連続であり（さらにこの後、麻生、鳩山由紀夫とこれもまた四人連続となる）、自民党にも政界全体にも人材が枯渇しているとしか言えない状況が背景にあった。竹下や小渕派の系譜の平成研究会は、このとき離党経験者で元は宏池会出身の津島雄二が会長になっている有様であったが、額賀福志郎が出馬意欲を示したものの青木の協力が得られず、独自候補を擁立できない総裁選となった。かたや旧宏池会は、麻生(旧河野)グループから安倍に近い麻生が立候補し、加藤の乱で分裂したままの谷垣派と古賀派がともに反麻生で福田支持に回った。

小泉構造改革の負の遺産と安倍の国家主義路線の修正という課題に対処するにも「ねじれ国会」の現実が福田に重くのしかかった。読売新聞グループ会長・主筆の渡邉恒雄が口を利くという驚くべき展開で、まずは小沢と直接「大連立構想」が進められたが頓挫、結局、民主党の賛成が得られなかった新テロ特措法については参議院での否決を衆議院の三分の二で再可決して成立させた。しかし再可決という手法の使えない国会同意人事や参議院の問責決議が福田をまた急速に追い詰めていった。

この間の一連の流れは、オルタナティブとしての民主党の持続可能性にさまざまな意味で疑問を抱かせるプロセスでもあった。一つには、福田という比較的穏健で手堅い昔気質の首相が自民党側に誕生すると一気に二大政党制の幅が狭まり大連立に至る可能性が出たということは、二大政党制が約束したはずだった競争や選択がいかにもろいものか露呈されたということであった。またそうして政策的な立ち位置に大差がないのだとしたら、一体何のための反対であり、再可決であるのか。民主党の中堅若手には、新テロ特措法に内心賛成している前原など保守系・対米追随路線の議員も少なからず存在したのである。

マスコミは「決められない政治」と繰り返すのみで、政策論争を深めることなく「決められる政治」の待望感を煽り立てることに終始していた。他方、国際協調主義の要件を満たしていないとして小沢が新テロ特措法に反対を貫いたことが、民主党に対するアメリカの不信感を深めたことは疑いない。このことと政権交代後にアメリカ政府が普天間基地移設問題などの対日政策においてかたくなな態度をとりつづけたことは無縁ではないだろう。

社会保障国民会議を立ち上げ、現役世代も視野に入れた社会保障の機能強化の検討を始めたり、消費者庁の設置に動いたり、新右派転換の揺り戻し期に新たな政策を模索した側面もあった福田であったが、衆議院の任期満了が迫るなかで支持率が回復しない事態に直面し、皮肉なことに安倍同様、内閣改造によって再出発を期したはずが在任一年を迎えようというところで辞意表明してしまった。

福田の後釜に座ったのが、安倍とたぶんに重なる復古的国家主義者たちの支持を得た麻生であったところに、もはや新右派連合以外に持続的な政権基盤が存在しない自民党のありようが表れていたといえよう。総裁選を華々しく行い、麻生新首相で支持率が上がったところで一気に解散総選挙を仕掛けるもくろみが外れたのは、一つには総裁選が盛り上がりに欠けたことであり、そして何よりもリーマンショックが起き世界金融危機へとなだれ込んでいったことがあった。結果として麻生は早期解散を打つ機会を逃し、せいぜい定額給付金などの景気対策で政権維持の望みをつないだが、結局は首相本人の資質の問題もあり支持率は低迷、任期満了が近づくなかで追い込まれて二〇〇九年真夏の総選挙となった。

民主党による「政権党交代」とその崩壊

結果は、二〇〇五年の郵政選挙のオセロをひっくり返したかのように、自公両党から合わせて二〇〇議席近く民主党が奪取して三〇八議席を獲得し、選挙スローガンに掲げた「政権交代。」が実現した。民主党については終章で詳述するのでここでは深く立ち入ることはしないが、旧民主党結成から数えると一三年、野党として自民党のオルタナティブとなることを目指して歩んできたことがようやく結実したのであった。

しかし、新右派転換を遂げた自民党に比べると総じて国際協調主義に根ざした自由主義的な傾向が強いといえても、民主党は松下政経塾系の中堅若手を中心に対米追随路線の新右派世代も多く含んでおり、政権交代後の三年三カ月の間には、新右派転換を押し戻した部分とかえって推し進めた部分が混在していたのが現実であった。小沢にしても「国民の生活が第一。」路線に転じたとはいえ、小選挙区制を断固支持する態度など、かつての新右派連合リーダーとしての側面が消え去ったわけでなければ、旧右派的な政治手法を捨てたわけでもなかった。

「マニフェスト」を掲げた「政治主導（政治家主導）」、首相への権限集中、政府与党一体化などの試みは、いずれも政治の新自由主義化をもう一段進める方向に作用し、また後に第二次安倍政権で問題となる集団的自衛権行使容認への解釈改憲との関連では、憲法や法律についての政府公式解釈の責任を内閣法制局から政治家へと移したのもまた民主党政権が最初であった。

いずれにしても、鳩山内閣があえなく潰《つい》え、後継となった菅が権力基盤を鳩山と小沢との連携（いわゆる「トロイカ体制」）から新右派的傾向の強い「七奉行」世代（岡田、前原、野田佳彦ら）と財務省へとシフトすることによって政権延命を図るなかで、消費税増税やTPP（環太平洋戦略的経済連携協定）交渉に向けた事前協議へと舵を切っていった。

その後菅は、東日本大震災と東京電力福島第一原発事故への対応に追われ、さまざまな批判を受け退陣に追い込まれるが、野田が後継首相に収まると「国民の生活が第一。」路線の全面敗退はいよいよ決定的となった。自民党に対するオルタナティブであることを放棄した野田政権は、なし崩し的な大飯《おおい》原発再稼働、民自公三党合意にもとづく消費税増税関連法案の衆議院採決のほか、尖閣諸島の国有化、集団的自衛権行使容認、ＰＫＯにおける武器使用基準緩和などに向けて準備を進めるなど一連の新右派アジェンダに向かっていった。

民主党が「自民党野田派」に変質していく過程で、小沢らが離党、多党乱立の混沌のなか二〇一二年一二月総選挙が行われた。

「日本を、取り戻す。」

再びオセロがひっくり返るかたちとなり、自民党は二〇〇五年の郵政選挙とほぼ同じ地滑り的圧勝を遂げ、政権復帰した。自公連立与党を合わせれば三分の二を超え、再可決で「ねじれ国会」に対応できる態勢も整っていた。

しかし、それだけではなかった。「日本を、取り戻す。」を選挙戦のキャッチコピーとして自民党を率いていたのは安倍だったのである。野党時代のほとんどを総裁として務めた谷垣は、かつての河野同様総裁再選への出馬断念に追い込まれており、議員票で勝った安倍が決選投票で石破を破り総裁に返り咲いていたのであった。

第一次政権の幕をあれだけの失態で閉じた安倍が、驚くべき復権を遂げた背景には二つの要因があった。

一つめは、新右派転換が貫徹したとさえいえる議会自民党が、野党としてさらに右傾化していたという現実であった。自民党内で旧右派連合を支えてきた比較的穏健でリベラルな「保守本流」の宏池会と経世会の系譜はすでに見る影もなく弱体化し、代わって「真・保守」を自称する新右派連合が主流を成すようになっていたのである。

その代表的な例が、第一次安倍政権の崩壊後、中川や平沼が中心となって設立した「真・保守政策研究会」を前身とし、民主党政権成立後、中川の落選、死亡を受けて安倍が会長となった「創生「日本」」であった。その運動方針の前文は以下のように主張している。

いま、我が国では、昨秋誕生した民主党政権が政治主導の名の下、我が国の主権、国柄、国益を損なう政策を推進しつつある。

安全保障では、日米同盟を損ない、国際的孤立への道を進み、社会政策では、財政赤字をさらに悪化させバラマキ政治を強化し、夫婦別姓や永住外国人地方参政権など、家族や国の骨格を危うくする政策を推進しようとしている。

われわれは、このような誤った政治の暴走を阻止し、愛する日本を守っていかなければならない。

その一方でわれわれは、戦後ただの一度も憲法を改正できず、自分の国を自分の力で守ることも、誇りある歴史と伝統を学校教育を通じて次代の子供たちに伝えることも、公務員制度を含む行政改革等も、十分になしえてこなかった責任を強く自覚せざるを得ない。

誇りある独立国家として復活するためには、このような「戦後レジーム」からの脱却を何としても成し遂げなければならない。

それは同時に、国民ひとりひとりが、真・保守主義の根本理念の下で、皇室を戴き、歴史と伝統を有する我が国に対して自信と誇りを取り戻し、経済社会の発展を図り、平和で豊かな世界を目指し、夢と希望と誇りを持てる日本を築いていくことでもある。

われわれはこのような認識から、いま同志と共に、「創生『日本』」の下に結集し、新たな政治の実現に全力をもって取り組む。

最終的に安倍に総裁選出馬を決意させ、第二次政権で内閣官房長官となった菅義偉《すがよしひで》をはじめ安倍の腹心たちがことごとく役員やメンバーとして所属しており、新右派財界人や知識人、メディア関係者らと連携しつつ、まさかと思われた安倍の復権を現実のものとし、政府・与党の中核ポストを占めていった。彼らは「ショック・ドクトリン」そのままに、震災・原発事故の責任をすべて民主党になすりつけ、茫然《ぼうぜん》自失の国民心理に乗じて「戦後レジーム」からの脱却を企図する「チャンス」をものにした（ナオミ・クライン『ショック・ドクトリン――惨事便乗型資本主義の正体を暴く』上・下）。

民主党の総崩れの帰結

もう一つの要因は、政治改革以来追求されてきた「政治の自由化」すなわち有権者の政権選択が可能となる競争的な政党システムが、民主党政権の挫折とともに崩壊したことであった。二〇一二年の総選挙で自民党の圧勝以上に衝撃的だったのは、民主党が二〇〇五年の郵政選挙での惨敗時の半分にしかならない五七議席と壊滅的な大敗を喫したことだった。そのスケールはともかくとしても、自民党が勝利することは野田の解散総選挙の決断の前から明白であり、九月の総裁選の段階で自民党にはすでに国民の人気が高い総裁を選ばなくてはいけない理由がなかったのである。このため一般党員の投票で石破にほぼダブルスコアの大差をつけられ二位に甘んじた安倍が、議員票の力で逆転勝利を収めることができたのである。

実は、政界再編の始まった一九九三年あたりから投票率は低迷を続けており、例外的に五五年体制時の水準にまで上がったのが、小選挙区制の作用によって結果的に一方の地滑り的圧勝に終わったとはいえ、二大政党が熾烈な競争を展開していた二〇〇五年(郵政選挙)と二〇〇九年(民主党政権交代)の総選挙であった。しかし、二〇〇九年に四一・四%、二〇〇五年でさえ三一%あった民主党の得票率が、二〇一二年には一六%にまで落ち込んだなか(得票率はいずれも比例代表制)、投票率は当時史上最低の五九・三%まで落ち込んだ。

こうして民主党への支持がメルトダウンを起こし、多党乱立、低投票率となった結果、自民党は二〇一二年の政権復帰の際に二〇〇九年に惨敗・下野したときよりも二〇〇万票以上(比例代表制)減らしたにもかかわらず、小選挙区制の「マジック」によって議席数上での圧勝を得たのであった。

いうなれば、オルタナティブとして育ったはずであった民主党が有権者に忌避されつづけ、多党乱立状態のなかうんざりした有権者が投票所に向かわなければ、積極的な支持を獲得せずとも自民党は勝ちつづけることができる政治システムができあがったのである。選挙制度が異なるとはいえ、参議院選挙でも同じように小選挙区(地方一人区)が自民党に有利に作用し、自公連立与党は二〇一三年、戦後三番目に低い投票率で大勝、「ねじれ」の解消に成功した。また二〇一四年に突如安倍が解散総選挙を仕掛けたときも、戦後最低記録を大幅に更新する五二・七%の投票率のなか、自公連立与党で三分の二を維持する圧勝を再現した。

実際のところ、棄権者も母数に入れた全有権者のうちどれだけの人が比例区で自民党ないし自民党の候補者に入れたかを計算すると(絶対得票率)、二〇一二、二〇一三、二〇一四年の三回の国政選挙で一六%から一七・七%の間でほとんど動いておらず、これは森政権での二〇〇〇年衆議院選挙での一六・九%、小泉が民主党に後れをとった二〇〇四年参議院選挙の一六・四%、第一次安倍政権がつまずいた二〇〇七年参議院選挙の一六%、麻生で民主党に政権を奪われたときの二〇〇九年衆議院選挙の一八・一%とほとんど変わらないのである。

つまり自民党はおよそ六人に一人の有権者にしか積極的に支持を受けていないのであるが、有効な対抗勢力が存在しない今や、自公合わせて衆議院で三分の二、参議院で過半数を確保できるのである。右傾化した有権者が安倍の再登板を渇望した、というわけではなかったことは、投票率と自民党の得票数の低迷に表れている。またそれは第二次安倍政権の内閣支持率が比較的高いレベルで推移しているにもかかわらず、各種世論調査における特定秘密保護法、集団的自衛権、消費税増税、原発再稼働など個別の重要政策についての有権者の態度が政府の方針と見事なまでに乖離《かいり》を見せる傾向にも表れているといえるだろう。

衛星政党の誕生と「反自由の政治」

しかし一九八〇年代頃から国際協調主義の勃興に後押しされて始まった「政治の自由化」が、第二次安倍政権の成立において「反自由の政治」へと転化してしまったといわざるを得ないのには、さらなる理由がある。それは二〇一二年衆議院選挙の結果、野党時代に右傾化を進めた自民党が政権復帰したのに留まらず、政党システム全体がいっそう右傾化したのである。

そもそも民主党の生き残り組の中心は、「自民党野田派」といわれた野田政権の民自公三党合意路線を担ったグループであった（中野晃一「政権・党運営――小沢一郎だけが原因か」二二六―二二六頁）。さらに、小沢らの日本未来の党（のちに生活の党）が公示前の六十余議席から一桁にまで激減する惨敗、社共もさらに議席を減らし、乱立した小政党が軒並み公示前の議席数を下回ったなか、自公連立与党以外に議席を増やしたのは、新右派政党のみんなの党と新右派・極右政党の日本維新の会だったのである。

数字の上では、民主党が失った議席数がほぼそっくり自民党に回収され、民主党から分裂してできた日本未来の党が失った五十余議席がほとんどそのまま維新の会とみんなの党に持っていかれたようなものであった。維新の会にいたっては、民主党と三議席差まで一気に迫る五四議席獲得の躍進であった。

メディアは選挙戦において「民主」「自公」以外という意味で、維新の会やみんなの党などをまとめて「第三極」ともてはやしたが、みんなの党のワンマン党首であった渡辺喜美は第一次安倍政権の閣僚で自民党離党後も安倍と個人的に親しく、橋下徹大阪市長らの維新の会も自民党総裁復帰前の安倍に維新の会党首就任を呼びかけたほどの親和性があり、また結局維新の会に合流して代表に就いたのが長年自民党に属した石原慎太郎だったように、両党とも自民党の「別働隊」といったほうが実態に近いといえた。しかし報道ではそうした点は掘り下げられず、彼らの「歯切れのいい」発言がテレビなどで繰り返されるばかりであった。

こうして一口に「一党優位制の復活」あるいは「一強多弱」といっても、有権者の信頼を大きく損ねた民主党には生気が見られず、連立与党の公明党がひたすら自民党の補完勢力として政権に安住する道を選んだところに、さらに自民党はその周囲を物欲しげに回転する「衛星政党」の維新の会とみんなの党という潜在的な連携相手を得たのであった。新右派連合が支配する安倍自民党による政治のさらなる右傾化を可能にする政党システムが現出したのである。

3　寡頭支配時代へ――立憲主義破壊の企て

新右派転換の終着点としての寡頭（少数派）支配

旧右派連合を担ってきた政治勢力が衰えたとはいえ、自民党政治から利益誘導や政治腐敗がなくなったわけではない。しかし寄せては返し拡大を続ける新右派転換の累積効果によって、小泉政権期に自民党や官僚制内の「抵抗勢力」はもはや問題にならないレベルにまで抑え込まれており、政党システムもまた全体としてさらに右にシフトしていた。

第一次安倍政権の蹉跌《さてつ》が明らかにしたのは、自民党にとって政治システム内に未だ残る最後の障壁が、執拗に政府批判を行った民主党やメディアであり、強い参議院（ねじれ国会）など憲法と立憲主義が課す政府への制約であるということだった。このため第二次政権はこの失敗に学び、新右派転換のもたらした格差社会などに対する批判がメディアによって喧伝されたり、民主党の復活によって参議院で再び「ねじれ」が生じたりすることがないよう、細心の注意を払ってスタートすることとなった。

安倍にとって幸いだったのは、官僚制や財界、そして産経・読売など保守系のメディアが民主党政権にこりごりで二度とそのようなことが起きないように政権を全力でバックアップする構えをとったことであった。また現実に、民主党であれ他党であれ、対抗勢力が見当たらないことは、それ自体、自民党の内外から安倍政権に対しての批判が出にくい雰囲気を醸成する効果を伴った。傷跡のまだ生々しい大震災と原発事故も、当面は民主党政権の対応の不備をあげつらうことで歴代の自民党政権や安倍現政権が責任を免れる言説が広く流布していた。

自民党一党支配の五五年体制を「自由化」し、オルタナティブが選べる政治を目指した政治改革と政界再編のプロセスは約二〇年前に始まったわけだが、その最終的な「成果」であったはずの民主党による政権交代が、単なる「失敗」と総括されたことは、有権者にも重くのしかかった。官僚排除、財界との溝、日米関係の動揺、これらすべてが民主党の「失敗」の原因とされ、官僚に依存する閣僚・政務三役や天下りを含めた政官業の癒着が大手を振って復権を果たし、対米追随傾向がいっそう強化されていった。

こうして民主党が上り調子だったときの小泉や第一次安倍政権以上に、首相官邸に権力が集中する条件が整った（渡辺治「安倍政権とは何か?」二三―五九頁）。新右派転換の終着点としての第二次安倍政権では、新自由主義改革は単なる「企業主義」政策へとスリップしていき、政財官の保守統治エリートによる寡頭支配の実現による復古的国家主義の暴走、そして立憲主義の下の競争的な議会制民主主義という「戦後レジーム」からの脱却へと向かっていった。

メディア統制とアベノミクス

第二次安倍政権のメディア戦略の最大の武器となったのが、「三本の矢」「アベノミクス」「異次元の金融緩和」といった目新しいフレーズで、これらにより報道を政権ペースでフレーミングしていくことに成功した。硬軟取り混ぜたメディア対策の陣頭指揮を担うことになったのは、郵政選挙で自民党のメディア戦略を担当し第一次安倍内閣で広報担当の首相補佐官を務めた世《せ》耕《こう》弘成《ひろしげ》内閣官房副長官、小泉の懐刀だった飯島勲内閣官房参与、そして安倍の参謀にして第一次内閣で総務大臣の経験がある菅義偉内閣官房長官であった。

そもそも日枝久フジテレビ会長は後見人の森が昵懇《じっこん》のため安倍とも関係が近く、読売グループ総帥の渡邉に至っては、しばしば政治の表舞台に上がって動くほどに、安倍のみならず中曽根以来自民党の新右派人脈と一体になって保守政治に関与してきており、実態としては政権応援団というほかない。そのほかのメディアについては、単独インタビューを個別に与えたり、幹部を会食に招いたりする懐柔策と、報道内容などに対するクレームなどの恫喝《どうかつ》めいた圧力を織り交ぜて統制を強めていった(原寿雄『安倍政権とジャーナリズムの覚悟』二〇―三〇頁)。

安倍らにとって最大の標的は、かねてからNHKと朝日新聞グループであることは明らかで(川崎泰資・柴田鉄治『組織ジャーナリズムの敗北――続・NHKと朝日新聞』)、まずはNHKの会長として籾井勝人《もみいかつと》、経営委員として百田尚樹《ひゃくた》(現在は退任)や長谷川三千子などの歴史修正主義たちを送り込んで統制を強めた。ついで朝日新聞がいわゆる吉田証言の虚偽を認め、それにもとづいた記事の撤回を行うと、産経や読売グループなどと一体となって、あたかも「慰安婦」問題そのものが朝日の捏造《ねつぞう》であったかのような印象操作に総力を挙げて取り組み、朝日を弱体化させた。

政権側からのアベノミクスについての情報発信は、国政選挙の前に増大する顕著な傾向を示し、メディアは知って知らずかその都度政権の争点設定(あるいは争点隠し)に協力した。アベノミクスの最大のポイントは、橋本行革で実施された「財金分離」の一環として打ち立てられた日本銀行の独立性を事実上撤回し、政府と直接連携し二年で二%のインフレ目標を「公約」に掲げた黒田東彦《はるひこ》を総裁に据え、大規模な量的・質的金融緩和に乗り出し、円安・株高を仕掛けたところにあった。その後、年金の株式運用比率拡大も加わり、いよいよ「官製相場」の色彩を強めつつ、二〇一五年四月に日経平均株価が一五年ぶりに二万円台を回復した。

結局八％への消費税増税などの影響もあり、このインフレ目標は未達成となったが、財界がアベノミクスによって大いに潤ったのは事実であり、「トリクルダウン」がこれまでのところ不発に終わり実質賃金が低迷するなか、財界と安倍自民党の蜜月は続いている。

他方、野党時代すでにメディアを使った生活保護バッシング・キャンペーンにいそしんだ自民党らしく、物価上昇を政策目標とし消費税増税を実施しつつ過去最大規模の生活保護費削減へと生活扶助基準の切り下げが進められている。また、第一次政権で失敗に終わったホワイトカラー・エグゼンプション（「残業代ゼロ法」「定額働かせ放題」）を「脱時間給（高度プロフェッショナル）制度」という名で導入するべく法制化を進めている。

序章でふれた「世界で一番企業が活躍しやすい国」が、まさにつくられようとしているのである。

立憲主義破壊の企てと特定秘密保護法

安倍らにとって第一次政権で積み残した政策課題の筆頭が、集団的自衛権の行使容認を含めて、憲法の課すさまざまな制約を無効化することであった。

谷垣がまだ総裁であった野党時代の二〇一二年四月、自民党は正式に新たな「日本国憲法改正草案」を決定していた。その中身は以前の自民党改憲案の枠組みさえも軽く飛び越えるもので、もはや改憲論議が九条に盛り込まれた平和主義に留まらず、基本的人権の尊重と主権在民という戦後憲法の根本原理すべて、さらにはその前提となる立憲主義さえにも照準を合わせる全面的な改憲案となっている(奥平康弘・愛敬浩二・青井未帆『改憲の何が問題か』)。

たとえば、「この憲法が日本国民に保障する基本的人権は、人類の多年にわたる自由獲得の努力の成果であつて、これらの権利は、過去幾多の試錬に堪へ、現在及び将来の国民に対し、侵すことのできない永久の権利として信託されたものである」と定める現行九七条がそっくり丸ごと削除されていたり、新たに九章として「緊急事態」条項が盛り込まれているなか「緊急事態の宣言が発せられたときは、法律の定めるところにより、内閣は法律と同一の効力を有する政令を制定することができるほか、内閣総理大臣は財政上必要な支出その他の処分を行い、地方自治体の長に対して必要な指示をすることができる」という新九九条などが盛り込まれていたりするのである。

維新の会やみんなの党が同様の主張をしていたこともあり、まず安倍が企図したのは、現行九六条に定める憲法改正発議の要件を三分の二から過半数へと緩和することであった(自民党改憲案では新一〇〇条)。このときは「ねじれ」解消をかけた二〇一三年参議院選挙前のタイミングで市民社会の反対が急速に盛り上がったことによって断念に追い込まれたが、立憲主義そのものをないがしろにするような憲法改正へのアプローチは、実は極めて新自由主義的なポピュリズムの今日性を露呈しているといえる。

なぜなら国家の最高法規である憲法を、時の政府がいかようにも改正提案できてしまうということは、その権威や伝統を汚すものであり、およそ本来の意味での保守主義とは相容れないトップダウンの行政改革的な発想にもとづくものだからである（マイケル・オークショット「保守的であるということ」）。

参議院で連立与党が過半数を獲得すると、安倍政権は二〇一一年の臨時国会でただちに国家安全保障会議（日本版NSC）設置法と特定秘密保護法の制定に着手した。国家安全保障会議のポイントは、その中核を首相、官房長官、外相、防衛相からなる四大臣会合とし、平素から機動的な審議を行うとしたことや、スタッフに自衛官なども含める国家安全保障局を内閣官房に新設したことであった。維新、みんなとともに民主党も設置法案の賛成に回った。このことに関連して、二〇一四年四月「国家安全保障戦略」にもとづいて、従来の武器輸出三原則を骨抜きにする防衛装備移転三原則も決定された。

秘密保全法制は、もともと福田・麻生内閣そして民主党政権においても検討が進められてきたものであったが、特定秘密の指定範囲があまりに広範囲かつ曖昧であること、適正な制度運用を実効的にチェックできる制度設計となっていないことなど国民の知る権利を著しく侵害するものとして幅広い市民社会からの強い反対が表明された。

しかし政府は維新とみんなと修正協議で合意に達し、短い審議時間の末、強行採決で可決させた。民主党は反対に回ったが、安倍は「責任野党」の修正要求には応じたと胸を張った。秘密指定の基準の妥当性について意見を述べる情報保全諮問会議の座長には読売の渡邉が就任、報道機関の代表が特定秘密保護法にお墨付きを与える役回りを演じたのである。

集団的自衛権――対米追随の寡頭制下の「安全保障」

ついで安倍が力を注いだのは、集団的自衛権の行使容認に向けた解釈改憲であった。手法としては特定秘密保護法の制定と同様、国会の場での議論や世論に耳を傾ける機会は最小限に抑え、最後は強行するというものであった。

すでに二〇一三年の夏、政党政治からの自律性を高めていった戦後の内閣法制局の慣例を破り(中野『戦後日本の国家保守主義』二一一―二一四、三八頁)、集団的自衛権行使容認論者で知られる外務官僚の小松一郎を長官として押し込んでいた。中立的な制度慣行をあえて無視した政治任用を行った点では、日銀の黒田とＮＨＫの籾井と同じであった。その後は行使容認派ばかりを揃えた首相の私的諮問機関の安全保障の法的基盤の再構築に関する懇談会（安保法制懇）で検討を行っているとして議論は封印、報告書が発表されたのは二〇一四年五月中旬のことであった。

今度は舞台を自公両党による密室の与党協議に移し、対外的には一足早くアジア安全保障会議（シャングリラ・ダイアローグ）で集団的自衛権行使を含む「積極的平和主義」を日本の「新しい旗」として掲げた。国民は十分な説明を受けないまま、メディアを通じて虚構をたぶんに含んだ「事例」談義からなる一方的な紙芝居を見せられる状態がつづき、七月一日に最終合意、そして閣議決定による解釈改憲がなされた。

閣議決定では、「我が国と密接な関係にある他国に対する武力攻撃が発生し、これにより我が国の存立が脅かされ、国民の生命、自由及び幸福追求の権利が根底から覆される明白な危険がある場合」集団的自衛権を「自衛のための措置」として発動できるとした。衆参両院で集中審議が行われたのはようやく夏休みの直前七月一四日、一五日のことであったが、後の祭りであった。一二月の解散総選挙の際も、菅官房長官は特定秘密保護法や集団的自衛権は争点にならないと主張、しかし選挙後に集団的自衛権も含めて信任を得たとの認識を示した。

集団的自衛権行使容認の閣議決定を受けて、その後安保法制の整備作業が進んでいるが、二〇一五年春の統一地方選が終わるまで政府は厳しい情報統制を敷き、国会審議に備えるかたわら、日米新ガイドラインの改定を先行させ、またアメリカ連邦議会上下両院合同会議における安倍首相の演説で夏までの法整備を事実上の対米「公約」として既成事実化を図った。当初政府は法案の早期成立をもくろんでいた。しかし、並行して国会で開かれた憲法審査会で与党推薦を含めた参考人の憲法学者三名全員が、法案を違憲とする判断を表明すると、盛り上がりを見せ始めていた市民社会の反対運動をさらに活気づけ、政権は守勢に立たされた。九月末までの戦後最長の会期延長を決め、必要とあらば衆議院の三分の二で再可決してでも法案を成立させる構えをとったが、違憲の「戦争法案」への批判は強まる一方である。

ところで国家安全保障会議、特定秘密保護法、集団的自衛権のいずれをめぐっても共通しているのが、対米追随路線を徹底させ、国内では立憲主義の縛りを外してでも首相とそのスタッフを中心とした行政府のごく少数の統治エリートたちだけで国家の安全保障に関わる重大な意思決定を行う仕組みをつくることに邁進してきたということである。いずれも第一次（二〇〇七年）、第三次（二〇一二年）と続いたいわゆるアーミテージ報告（「日米同盟――二〇二〇年に向けてアジアを正しく導く」と「日米同盟――アジアの安定を支える」）の提言に沿った動きであることが、「日米安保ムラ」の強い影響力を示唆している。

上記の閣議決定をもって個別的自衛権と重なる集団的自衛権を極めて限定的に容認しただけであるという弁明がいかに空疎なものであるかは、この視点から見れば明らかである。個別的自衛権発動の要件をなしていた「我が国に対する急迫不正の侵害があること」というものが、ようは日本が攻撃を受けたかどうかという相当程度客観性の高い事実認定にもとづいていたのに対して、憲法が明確に武力行使を禁じている日本が攻撃されていない事態でも「我が国の存立が脅かされ、国民の生命、自由及び幸福追求の権利が根底から覆される明白な危険がある（いわゆる存立危機事態）」と国家安全保障会議において判断すれば武力行使が可能となったわけである。

そして「小さく産んで大きく育てる」というようにいくらでも拡大解釈が可能な曖昧な要件認定の前提をなす情報は、当然、特定秘密保護法の対象となりうるわけである。日米などのグローバル企業が活動する「市場経済秩序」が揺らぐような事態をもって「存立危機事態」もしくは「重要影響事態」とみなすことは十分に可能だろう。一旦アメリカの要請を受けた日本政府が判断を下し臨戦態勢に入れば、そうでないと証明する証拠や事実を国会の野党や市民社会の側で提示することができるとは考えにくい。

さらに安保法制整備の次は、二〇一六年参議院選挙後の明文改憲に向けて、九条よりも着手しやすい「緊急事態」条項からはじめるものと見られている。先にふれた自民党改憲案では、「我が国に対する外部からの武力攻撃、内乱等による社会秩序の混乱、地震等による大規模な自然災害その他の法律で定める緊急事態において」事前または事後に国会の承認を得れば内閣総理大臣が閣議にかけて緊急事態の宣言を発することができるとしているのである(新九八条)。

皮肉なことに、緊急事態基本法の制定はかつて小泉政権において超党派で有事法制が進められたときに民主党が熱心に主張していたものである。結局郵政民営化改革のあおりで先送りとなり、最終的に当時の安倍官房長官らが「運用面で対応が可能」として「新たな立法措置を講ずる必要性は乏しい」と判断した経緯があった。当時立法措置さえ不要としたものを、民主党の協力が得やすいとの計算から、今日憲法改正の突破口として利用しようとしているわけである。

立憲主義や主権在民の大原則にもとづく民主統治が、タガの外れた寡頭支配にとって代わられつつあるというほかない。対米追随路線のなかで国民を排除してごく一部の統治エリートが重大な意思決定をしかねないという意味で、地方と国政両レベルの選挙で再三明確に辺野古移転反対の沖縄の民意が表明されているのを無視して、度外れに強圧的な手法で安倍政権が工事を推し進める普天間基地移設問題は、その象徴的な先行事例といえるだろう。

また社会経済分野では、「「聖域なき関税撤廃」を前提にする限り、TPP交渉参加に反対します」という公約を破り、安倍が交渉を進めているTPPも本質的に同じである。アメリカからの強い圧力によって日本も交渉に参加したTPPでは、グローバル企業の代理人たちが様々な要求を盛り込み交渉を進める一方で、日本の一般消費者や有権者ばかりか国会議員さえその中身を知ることができない。

復古的国家主義の暴走と海外展開

ところで、民主党が壊した日米関係を修復すると意気込んだ安倍であったが、実はオバマ政権側では歴史修正主義傾向があまりに強い安倍の政権復帰を警戒していた。河野談話と村山談話の見直し、そして靖国参拝を恐れていたのである。その背景には国際情勢のなかのいくつかの変化があった。

一つには、第一次安倍政権、父・晋太郎が外相を務めた中曽根政権、そして祖父・岸信介政権のいずれもが、アメリカでは共和党政権(それぞれブッシュ、レーガン、アイゼンハワー)であったのに対して、オバマ政権は自民党も外務省もパイプが太いとはいえない民主党政権であり、歴史認識や人権に関わる問題により敏感な傾向があることである。また、中国は二〇一〇年に国内総生産（GDP）で日本を抜き第二位となったばかりか、対米貿易額でも日本を上回り、アメリカの最大の債権国の座も争うようになっている。さらに、アメリカは自らの北東アジア戦略のなかでともに同盟国である日本と韓国の協調関係の深化を重要な課題と位置づけていた。

こうしたことから、安倍が政権復帰一周年を祝うかのように二〇一三年一二月二六日に悲願の靖国参拝を果たしたとき、中国と韓国が抗議したのはいうまでもなく、在京アメリカ大使館までが「失望」を表明したのであった。これは参拝を思いとどまるよう再三働きかけていたにもかかわらず「期待」が裏切られたからこその異例の対応であった。経済や安全保障分野での対米追随が、もはや必ずしもアメリカにとって歴史修正主義の免罪符として機能しないことが再び明らかになったといえる。なおこのときシンガポール外務省も公式に遺憾の意を表明し、インド外相やドイツの報道官なども苦言を呈した。

しかし国内の政治システムでは、新右派転換の貫徹によってブレーキが利かない状況が生まれており、安倍らの信念にもとづく復古的国家主義の暴走を抑制することは困難であった。アメリカが許さない河野談話そのものの見直しの代わりに安倍政権は、その作成過程を検証、韓国との交渉プロセスを暴露するなどしてその信憑《しんぴょう》性を揺るがす手段に出たのである。

さらに吉田証言関連記事の撤回を行った朝日新聞に対して攻撃を強めると同時に、河野談話の身代わりとして、「慰安婦」制度を日本軍による「軍性奴隷」制度と定義づけした国連クマラスワミ報告修正を目指す運動を強化した。また、教科書検定を通じて政府見解を浸透させるなど、安倍政権の歴史修正主義を押しつける「国定教科書化」も急速に進めている。

日本国内での官民挙げてのプロパガンダの成功に気を良くした安倍政権は、在京海外メディアや海外の日本研究者への圧力を強めはじめたが、アメリカの教科書会社マグローヒルと執筆者の歴史研究者らへの在米領事館スタッフによる働きかけが反発を招き、アメリカ歴史学会のそうそうたる会員の連名で「いかなる政府も歴史を検閲する権利はない」と批判する公開書簡が発表される事態にまで進展した。学問や言論の自由に対する不当な政府介入を脅威と見る考えはさらに広がり、エズラ・ヴォーゲルやジョン・ダワーなどアメリカを中心とした一八七名の日本研究者による「日本の歴史家を支持する声明」が公開され、その後もヨーロッパなどの研究者が続々と署名を寄せている。

また二〇一〇年から五年間ドイツの保守高級紙フランクフルター・アルゲマイネの東京特派員であったジャーナリストが明らかにしたところによると、安倍政権の歴史修正主義に批判的な記事掲載後、在フランクフルト日本総領事が編集局を訪問し、記事が中国の「反日プロパガンダ」に使われたと苦情を述べたうえ「(中国から記者への)金が絡んでいると疑わざるを得ない」などと誹謗《ひぼう》中傷を繰り返したという（「ナンバーワン新聞（日本外国特派員協会機関紙）」二〇一五年四月号）。

同様に、アメリカの主要紙が掲載した「慰安婦」問題についての記事に関して、外務省国際報道官と在アメリカ日本国大使館公使（広報担当）が特派員に宛てて、コメントを寄せた筆者（中野）を名指しで貶《おとし》め、代わりに取材すべき識者の人選に介入しようとするメールを送るということがあった（ワシントンポスト二〇一五年三月一七日、東京新聞二〇一五年四月一四日朝刊）。

この特派員も、「各国で長年特派員をしているが、その国の政府からこの人を取材すべきだとか、取材すべきでないとか言われたのは初めて」と述べている（朝日新聞二〇一五年四月二八日朝刊）。

実は今やこうした事例は枚挙にいとまがない。自民党は二〇一四年一〇月末に日本の名誉と信頼を回復するための特命委員会を設置し、一二月の衆議院選挙の重点政策集（公約）で「虚偽に基づくいわれなき非難に対しては断固として反論し、国際社会への対外発信等を通じて、日本の名誉・国益を回復するために行動します」「日本の「正しい姿」や多様な魅力を世界に伝える拠点として「ジャパン・ハウス」（仮称）の主要国への設置を検討する等、戦略的対外発信機能を強化します」と謳っており、対外プロパガンダを推し進める体制を整備している。

しかしアメリカにおいても、オバマ大統領が二〇一四年四月に日本に次いで韓国を訪問した際の記者会見で、「慰安婦」問題に関して「ひどく甚大な人権侵害」であり、「(元「慰安婦」の方たちの)声を聞き、尊重しなくてはならない。何が起きたのかについて正確で明確な説明がされなくてはならない」と述べており、また議会でも安倍の復古的国家主義の表出に対する警戒が年々強まっているのである。

議会調査局による日米関係についての年次報告書は、TPPや安全保障分野における安倍政権の取り組みを評価しつつ、安倍の「強い国家主義」に警戒を示している。政権復帰直後の二〇一三年二月に出た報告書では安倍や閣僚による歴史問題に関わる「過去の言動」が「アメリカの国益を損なうかたちで地域の関係を揺るがしかねないと懸念」と表現していたものが、二〇一四年には「過去の」が落ち、安倍らの「言動」と改まり、二〇一五年版ではそれまで「慰安婦」「歴史教科書」「靖国参拝」「韓国との領土問題」についての言説」の諸問題について単に「注視していく」としていたものが「これらすべてが現在進行形の地域の緊張の火種になっている」と踏み込んだ。

こうしたアメリカの懸念を受けて、戦後七〇周年に首相が意欲を燃やす「安倍談話」の有識者懇談会(二一世紀構想懇談会)のメンバーは、中国や韓国などアジアの専門家よりも財官学界などの「アメリカ通」に手厚い布陣となっており、侵略や植民地支配の被害を受けた中国や韓国などの反応はともかくアメリカとギリギリすりあわせられるところまで村山談話から逸脱を果たしたい安倍政権の意思がうかがえる。

二〇一五年四月のバンドン会議六〇周年記念首脳会議と、次いでアメリカ連邦議会での首相演説から読みとれるのは、英語でremorseという強い言葉に訳される「反省」を繰り返せば、「植民地支配」「侵略」「お詫び」を欠落させる程度の歴史修正主義はアメリカが許容すると日本政府が踏んでいるということである。

安保法制の審議が難航し、八月中旬までの成立が見通せなくなると、安倍談話を閣議決定せず、首相の個人的な談話という中途半端な位置づけとする方針が浮上した。時をほぼ同じくして、自民党は、極東国際軍事裁判（東京裁判）、占領政策、そして憲法の制定過程を検証する党内新組織を発足させると発表した。

最終的に、軍事・経済面での対米追随と引き換えにアメリカの顔色を見つつ推し進める復古的国家主義がどこまで通用するかは不透明である。二〇一四年秋に安倍が内閣改造を行い、「慰安婦」問題の国際的な批判から目を逸らす目的もあって「女性活躍」を掲げたとき、女性閣僚のうち特に安倍と近い高市早苗と山谷えり子や政調会長となった稲田朋美がネオナチや在特会系の関係者と一緒に写った写真が取り沙汰された。いずれも歴史修正主義やジェンダー・バックラッシュで名を挙げてきた政治家であったことから、これら極右活動家との親密な関係が疑われたが、日本の国内メディアが東京新聞などのわずかな例外を除いてほぼ黙殺したかたわら、海外メディアはこぞって厳しく追及し報道したのであった。

閣僚の四分の三以上が日本会議国会議員懇談会のメンバーという、歴史修正主義が政権内で主流化した現実を前に、新自由主義的な論説で知られ世界中の政財官界エリートに広く購読されているイギリス誌エコノミストが、在特会系団体によるヘイト・スピーチの拡大を報じた記事を「ヘイトの一部は、（ネオナチ幹部と一緒に写真を撮った高市や稲田ら）政権トップからインスピレーションを得ているようである」と結論づけたほどであった（二〇一四年九月一七日）。

しかし結局、国内メディアの連日の報道対象となり辞任を強いられたのは、「政治とカネ」問題の小渕優子と松島みどりという安倍の「お友だち」とはいえない閣僚であった。

安倍政権周辺では、二〇一六年アメリカ大統領選挙で共和党が政権奪取を果たせば「お咎《とが》め」がなくなるという奇妙な楽観論も聞かれるようである。超党派で日本の歴史修正主義に懸念が広がる議会の趨勢《すうせい》を考えるとそう単純な話ではないだろうが、復古的な国家主義が日本の専売特許ではないこともまた紛れもない事実であり、地政学的な対中戦略が優先されれば忠実なる安倍政権への批判も沈静化していく可能性があるのは事実だろう。

新右派連合の勝利と変質

二〇一五年統一地方選の前半戦で、総定数における無投票当選比率が過去最高の二一・九％に上ったうえ、一〇道県知事選すべてで自民党の支援する現職候補が統一地方選の知事選挙としては過去最低の五〇％を割る平均投票率で再選された。後半戦においても東京区長選を除く全ての選挙で過去最低の平均投票率が記録された。

その大きな要因は、党勢回復の兆しが見えない民主党が前回二〇一一年から約四割も公認候補を激減させていることであった。とてもではないが、まだ民主党が自民党に対抗できるように党を再建する道筋が見えているとはいえないのである。

また、朝日新聞バッシングや二〇一四年一二月総選挙での自民党の勝利のためか、安倍の側近・下村博文文科相が管轄下の塾業界から献金を受けていたり、届出のない任意団体で政治資金集めをしていたりした「政治とカネ」問題が週刊誌などで報じられたにもかかわらず、今のところ主要メディアが追及する気配はない。

こうして第一次政権のつまずきにつながった民主党やメディアを抑え込むことに安倍は成功

し、小選挙区制のマジックで見かけ上の「多数派支配」をつくり国民を威圧する「選挙独裁」を打ち立て、日本の「自由」「民主」の最後の砦《とりで》となった立憲主義が課す国家権力への制約さえも切り崩していっている。

自由主義的な国際協調主義の高まりで幕を開けた新右派転換の動きが、いかにして偏狭な歴史修正主義を振りかざす寡頭支配へと帰着してしまったのか、本書はその政治プロセスを解き明かすことを目指してきた。

理念的にはより広範な自由主義の一翼を担う「新しい自由主義」として日本に登場した新自由主義（経済的自由主義）が、国際協調主義の退潮とともに政治や社会の「自由」の内実を深めることには無頓着《むとんちゃく》な経済至上主義的イデオロギーとして、自由市場の追求から乖離してグローバル企業の自由の最大化、言い換えれば寡頭支配の強化を推進する企業主義ドグマへと劣化していった。

こうした新自由主義の変質の明らかな証左が、既得権益を壊す改革者のポーズで新たな「改革利権」を手に入れてきた財界人やエコノミストの存在であり、天下りなどの旧右派的な「政官業の癒着」の残滓《ざんし》や復活が今や一顧だにされなくなったことである。

また当初は国際協調主義的な発想の枠組みのなかで頭をもたげた国家主義が、対米追随路線でなし崩し的に憲法の制約を無効化し、アメリカの虎の威を借り、その許容する範囲で歴史修正主義やヘイトまじりの言動に興じて溜飲《りゅういん》を下げる復古主義へと変質した。

一九九〇年代後半から二〇〇〇年代前半にかけて新右派連合が革新勢力と旧右派連合に対して勝利を収める過程で自らも変容していったのであるが、対外的にも同じ頃からアメリカが単独行動主義的な傾向を強めていったことと表裏の関係で日本の対米追随に歯止めが利かなくなっていったことが指摘できる。

4　日本政治は右傾化したのか

グローバルな寡頭支配の拡散

冷戦が終わりを迎えていた一九九二年、フランシス・フクヤマが発した「自由」「民主」の勝利宣言が話題を呼んだ。『歴史の終わり』と題されたこの本のなかで、フクヤマは「人類史の過程では、これまで君主政治や貴族政治、神権政治、そして二十世紀のファシズムや共産主義独裁など各種の政権が登場してきたけれども、二十世紀の終わりまで無傷で生きながらえた政府形態はリベラルな民主主義のほかにはなかった」「世界の大部分の地域にとっては、今やリベラルな民主主義と張り合えるほどの普遍的な装いをまとったイデオロギーは存在しないし、人民主権という理念以上に正統性をもつ普遍的な原則も存在しない」などと主張した(上、九六—九七頁)。

この本の日本語版が渡部昇一の翻訳によるものであること、そしてフクヤマが新保守主義(ネオコン)の代表的な論客の一人であったことは偶然ではない。小泉や第一次安倍政権と重なったブッシュの下でアメリカは右傾化を進め、イラクなど中東に「自由」「民主」を拡散できると夢想しかえって国力を弱め、その後さらにサブプライム住宅ローン危機、そして二〇〇八年のリーマンショックに端を発した世界金融危機で衰退を印象づけた。それは対共産主義の勝利に酔いしれた自由民主主義が、ライバルを失い独善に陥り、瞬く間に劣化していったかのようであった。

二〇一一年秋から冬にかけて「ウォール街を占拠せよ」を合言葉に資本主義経済と代議制民主主義の破綻を告発する「オキュパイ(占拠)運動」が、ニューヨークのみならず全米で前代未聞の大きな盛り上がりを見せたことは記憶に新しい。グローバル資本主義の総本山ともいうべきアメリカにおいて、自由市場経済の実態がグローバル資本による寡占支配と大多数の市民の搾取にすぎないとする言説が大きな反響を呼んだのである。

代議制民主主義の機能不全を指摘し、形式上「選挙」で選ばれている政治エリートたちがグローバル企業に買収されてしまっており、公共空間を「占拠」することによって九九％の市民たち自らが直接行動で存在を示さなくてはならないという訴えは、まさにグローバルな規模での新右派転換の果て、「自由」「民主」が凱旋《がいせん》するどころか実質を失い、寡頭支配を招いていることを糾弾したものであった。

より最近でも、二〇一四年九月号のアメリカ政治学会の学会誌の一つで、財界や少数の富裕層の選好が実質的にアメリカの政策結果を大きく決めていると論じたマーティン・ギレンズとベンジャミン・ペイジによる計量政治学の論文が掲載されたことが広く学界で注目されたり、所得格差の拡大についてのトマ・ピケティの論考が一般の読者も巻き込んだ世界的なブームを呼んだりしていることもこうした現状認識の広がりを表すものといえよう。

しかしオキュパイ運動が沈静化した一方で、右からの「小さな政府」ポピュリズムと反動的な白人保守主義を信条とした極右運動ともいえるティーパーティー運動は、議会共和党への影響力を保持し、来る大統領選の趨勢を決しかねない状況となっている。国民統合の物質的な内実を消失させてしまったことから注意をそらすために、国内外のアイデンティティ・ポリティックスを炎上させる手法は、まさに新右派転換の「永久改革」の推進力となってきた。

こうした状況は、本質的に中国や韓国でも変わりなく、新白山主義改革によって格差社会が広がった一方で、政治権力はますます世襲政治家や財閥・閨閥《けいばつ》に集中し、そこでそれぞれに国家主義を煽って人心掌握を図り、またジャーナリズムや言論の自由のみならず、市民社会全体のさまざまな自由を厳しく制限し弾圧する傾向が共通して見られる。安倍、習近平、朴槿恵《パククネ》ら北東アジアの世襲「ナショナリスト」たちが自国内で権力を集中しつづけるために、敵愾心《てきがいしん》をむけあう相手を相互に必要としているといえる。

最後のライバル共産主義を降した自由民主主義が後はひたすら拡散していくのみになったという冷戦終焉直後の楽観的な見通しはどこへやら、今日ではアメリカだけでなく、ヨーロッパなどにおいても、トランスナショナルな富裕層による寡頭支配や極右排外主義政党の伸張などが引き起こす「代議制民主主義の危機」が叫ばれており、政治の右傾化は世界的な現象であるといわざるを得ない。

雇用劣化と格差社会

さて日本の政治もまた、「不平等や階層問格差の拡大の是認」「個人の自由の制限と国家による秩序管理の強化」「軍事力による抑止重視」「歴史修正主義や排外主義の主流化」といった点に着目したとき、新右派転換の結果右傾化したことが明らかではないだろうか。

政府統計によると、一九八五年に一二%だった相対的貧困率が二〇一二年現在で一六・一%にまで悪化しており、日本の貧困問題はOECD加盟国のなかでもメキシコ、イスラエル、トルコ、チリ、アメリカに次ぐ最悪レベルにある。子どもの貧困率に至っては、一九八五年の一〇・九%から二〇一二年に一六・三%といっそう急激な悪化を示している。背景の一つが非正規雇用の拡大であることは間違いなく、小泉政権期よりさらに増え二〇一四年で三七・四%(男性二一・八%、女性五六・七%)となっており、とりわけ女性への賃金差別に起因する女性単身世帯や母子世帯の貧困が深刻である。かつて一定の説得力をもって語られていた「一億総中流」神話など見る影もない。安倍政権の進める労働者派遣法改正によって、派遣労働がさらに拡大することが危惧されている。

雇用の劣化は新自由主義的改革によってもたらされたわけだが、ここで財界の変化を示す興味深い数字がある。経団連の会長や副会長を出したトップ企業の外資比率を算出したとき、一九九〇年時点で一〇%だったのが二〇〇六年では三〇%を超えており、これら企業の連結売上高のうち海外が占める割合も三〇%弱からほぼ五〇%まで伸びているということである(佐々木憲昭『変貌する財界——日本経団連の分析』四二—四三、五六—五七頁）。この間、法人税の基本税率は、一九八四年に四三・三％に上げられたのが一九九〇年では三七・五％、その後も漸次下げられ、民主党政権の二〇一二年に二五・五％にまでなった。

所得税の最高税率にしても、一九八〇年代半ばに七〇％だったものが段階的に下げられ二〇〇七年までには四〇％になっていた。同時進行であった消費税増税や格差社会批判などへの考慮から、安倍政権下の二〇一五年より課税所得四〇〇〇万円超について四五％に引き上げられたが、総じて富裕層やグローバル企業の海外流出を避けるために課税強化を避けるのはもちろん、いっそうの減税が必要だとする声が主流を占めている現実に変わりはない。安倍の、日本を「世界で一番企業が活躍しやすい国」にしたいという意思表明がそのことを示している。

労働組合の推定組織率が、一九八二年まではまだ三〇％台だったのがじわじわと下がりつづけ、二〇一四年では一七・五％にまで落ち込んでいる。連合の支持を受ける民主党は党勢回復の道筋が見えず、社民党は衆参合わせて五議員だけと凋落した。いくら共産党の議席が二〇一二年の衆議院選挙で下げ止まり、二〇一三年東京都議会選挙、参議院選挙、二〇一四年衆議院選挙、二〇一五年統一地方選挙と躍進を続けているとはいえ、それでも両院ともに五％に満たない議席数にすぎない。労使の政治力にこれだけの開きができてしまっているなかで、平等志向の政策を要求していくことは容易ではないだろう。事実、社会保障制度の再構築がなされぬまま、消費税増税とさらなる労働規制の緩和が先行していることは既に述べた通りである。

国家権力の集中強化と反自由の政治

もともと「強い国家」を権威のよりどころとし、その規定する価値秩序に社会を従属させる近代化の伝統が強い日本であったが、新右派転換を通じて、首相官邸を中心とした行政府への権力集中が進展した。そしてひとたび政党システムのバランスが崩壊すると、国家権力にタガをはめ個人の自由を守る立憲主義の原則さえ攻撃の対象となる事態が生じている。

中曽根・橋本行革で官邸機能の強化が図られ、小沢らが尽力した小選挙区制の導入により、革新政党や小政党の勢力が弱められ、自民党内でも派閥が弱体化し、総裁(首相)・幹事長の権限が大幅に強化された。こうして政権与党内で集権傾向が進みブレーキが働きにくくなったが、他方で二大政党制化が進捗を見せ、強い二院制の枠内で民主党が一定のチェック・アンド・バランスの役割を担うようになった。

政治の自由化がもたらした競争的な政党システムは、国家権力の監視や抑制に資する行政手続法、NPO法(特定非営利活動促進法)、情報公開法、公文書管理法などの成立につながった一方、政党間競争の不安定さを嫌う自民党は公明党との連立によって政権基盤の安定を図ると同時に、教育、マスコミ、安全保障、憲法などに関わる分野を中心に、民主党をはじめとした野党、市民社会、個人の自由を抑圧する手段を用いることを厭わなくなっていった。国旗・国歌法、通信傍受法、武力攻撃事態法、国民保護法、改正教育基本法、特定秘密保護法などが挙げられ、その延長線上に、集団的自衛権行使容認の解釈改憲を受けた一連の安保法制があり、さらにその先に緊急事態などをとっかかりとする明文改憲への動きがある。

民主党の崩壊によって「政治の自由化」が一気に「反自由の政治」に暗転すると、九条に焦点を絞った従来の改憲運動とは明らかに異なる「壊憲」ともいうべき立憲主義そのものに対する攻撃が顕在化した。それは再三司法が「違憲状態」との判断を示しているにもかかわらず「一票の格差」を放置、低迷する投票率で議席上の多数を有した時の政府が自在に憲法改正を提案できるようにしようという九六条先行改正の試みであり、九条の事実上の無効化をもたらしかねない解釈改憲であった。

自民党の「日本国憲法改正草案」では、「緊急事態」条項の創設のほかにも、基本的人権が「公益及び公の秩序」によって制限されるものとしており、二〇条の政教分離規定についても形骸化し首相らの靖国神社公式参拝を可能にするような仕掛けが盛り込まれている。

すでに教育や報道の現場に対する政権による締めつけが強化されているが、日本会議を母体とする「美しい日本の憲法をつくる国民の会」が明文改憲へ向けた草の根キャンペーンを展開しはじめており、今後さらに学問の自由や知る権利を制限するような官民一体となった言論統制が強まっていく恐れが高まっている。

戦争のできる国へ

戦後、憲法九条と日米安保条約のはざまで旧右派連合が自衛隊に与えた個別的自衛権の行使に限定した専守防衛という役割は、新右派転換によって今日までに大幅な変容を遂げた。国連中心主義にもとづいたPKO(平和維持活動)への参加を皮切りにしたものが、北朝鮮の脅威や中国の台頭などを梃子にして、ついには対米追随路線での集団的自衛権行使容認にまで至ったのであった。五五年体制においては自衛隊違憲論さえ根強く存在していたのが、九条の明文改正がなされないまま、日本が攻撃を受けていないのに他国間の戦争に参加できるとなるまでに平和憲法が歪められようとしているのである。

こうした一八〇度の転換を覆い隠すキーワードとなったのが、「積極的平和主義」であった。元はといえば小沢が専守防衛を独善的な「消極的平和主義」「一国平和主義」と糾弾するなかで、その裏返しとして対置された概念だが、正式な定義がないため中身がいかようにも変わりえるものであった。ポイントは「平和主義」の一種であると僭称《せんしょう》することによって、憲法解釈を変えるだけで真逆の結論が導けるとした点にあり、当初小沢の構想では集団安全保障の枠組みのなかで国連軍への参加を主眼としていたが、ポスト冷戦の世界のなかでの国連の役割への期待がしぼむとともに、日米同盟のなかでどこまで日本がアメリカの要求に応えられるかに関心がシフトしていったのである。

現実に、二〇一三年末に安倍政権が決定した「国家安全保障戦略」はその「基本理念」として「国際協調主義に基づく積極的平和主義」を掲げたが「国際社会の平和と安定及び繁栄の確保にこれまで以上に積極的に寄与していく」と述べるだけでおよそ理念と呼べるような定義はない。

それもそのはず「安全保障と防衛力に関する懇談会」の座長として「国家安全保障戦略」の作成にあたった北岡伸一さえ「積極的平和主義とは、消極的平和主義の逆である。消極的平和主義とは、日本が非武装であればあるほど、世界は平和になるという考えである」（日本経済新聞二〇一四年一月九日「経済教室」）と述べていることからわかるように、はっきりいってしまえば「日本が武装（軍事的抑止力を強化）していけばしていくほど、世界は平和になる」という歯止めのない「夢見る抑止論」(柳澤協二『亡国の安保政策――安倍政権と「積極的平和主義」の罠』一二三、八〇―八八頁)にすぎないからである。

日米安全保障共同宣言を皮切りに、新ガイドラインと周辺事態法などの関連法、そしてブッシュ政権が単独行動主義的傾向を強めるとイラク特措法、テロ特措法、新テロ特措法などと後追いを続けたのであった。第二次安倍政権に至って、周辺事態法(重要影響事態法)や武力攻撃事態法(事態対処法)などの改正など、いよいよ「切れ目のない」安保法制の整備が進められている。これは「歯止めのない」概念としての積極的平和主義の本質が全貌を表しているということであり、なし崩し的に進行してきた「普通の国」化の新段階としての二つの特徴を有していた。

一つには、特措法方式からの転換が図られ「国際平和支援法」の制定によって恒久法ベースで戦闘中の他国の後方支援のために自衛隊の海外派兵が可能となることであり、もう一つには、形式上は国会の事前(もしくは事後)の同意が必要とはいえ、憲法がそもそも禁じていることを時の政府(の一部)の判断一つで行えるように一線を越えてしまったことである。集団的自衛権の行使を含めた一連の新しい安保法制は、国家安全保障会議や特定秘密保護法と一体となって運用されることになるからである。

しかも結局は、憲法違反の集団的自衛権解禁という事実が厳然として残ることから、今後九条を含めた大幅な明文改憲へと不可避的に進まざるを得ないと考えられる。違憲訴訟が多発するリスクや、戦争そのものを放棄した九条のため実際に戦争となったら憲法の「不備」や限界(たとえば、軍法会議をおけないことなど)が多々あるからである。偽装請負や不払い残業(いわゆるサービス残業)などの違法行為を先行させておいてから「実態に合わなくなった」労働法規を「改正」するべきと主張する財界の論法に酷似しているといえよう。

歴史修正主義と排外主義

九条の無効化と日米同盟の強化を柱とした安全保障政策が展開されたのと同時に、歴史修正主義の主流化と日中・日韓関係の悪化が進んだ。新右派転換の当初は国際協調主義に則り、教科書、靖国参拝、「慰安婦」などの諸問題に対して近隣諸国の国民感情に「配慮」した対応を行っており、河野談話や村山談話などはそうした流れのなかで発表された。

しかし一九九〇年代後半から自民党のなかで安倍ら新世代の歴史修正主義者たちへの世代交代と日本会議に代表されるような広範で組織的な連携が進んでいった。小泉がさらに旧右派連合との権力闘争のなかで彼らを重用し、党内で歴史修正主義が主流化していくことになった。

中国においても同じ頃より江沢民国家主席の下、対日強硬路線や愛国主義教育の推進が目立つようになり、小泉が毎年靖国参拝をつづけるなか、韓国の盧武鉉《ノムヒョン》大統領も日本への批判を強めていった。領土問題も絡み政府レベルでの関係が悪化すると、相互の国民感情の反発も高まっていった。二〇一四年の内閣府調査によると、中国に対して親しみを感じないという回答が過去最高の八三・一%で、韓国に対して親近感を感じないと答えた人の割合もまた過去最高の六六・四%となっている。

二〇一三年一二月の安倍による靖国参拝の後、日中・日韓の首脳会談で実質的な議論ができない状態がつづくが、主要メディアのなかで和解と友好を説く声はかぼそい。それどころか第二次安倍政権から、産経新聞にくわえて読売新聞までもが政府と連携するようにして「慰安婦」問題などに関して歴史修正主義に大きく舵を切ったことの言論界への影響は少なくない。

とりわけ朝日新聞が二〇一四年八月に吉田証言関連記事を取り消したことを受けた歴史修正主義キャンペーンは目に余るものがあり、歴史学研究会が「一部の政治家やマスメディアの間では、この『朝日新聞』の記事取り消しによって、あたかも日本軍「慰安婦」の強制連行の事実が根拠を失い、場合によっては、日本軍「慰安婦」に対する暴力の事実全般が否定されたかのような言動が相次いでいる。とりわけ、安倍晋三首相をはじめとする政府の首脳からそうした主張がなされていることは、憂慮に堪えない」との声明を発表するに至った(「声明　政府首脳と一部マスメディアによる日本軍「慰安婦」問題についての不当な見解を批判する」二〇一四年一〇月一五日)。

これに呼応して先に触れたアメリカ歴史学会や欧米の日本研究学界有志らの声明が出されたわけだが、それらを受けてさらに日本史研究会や歴史教育者協議会などもくわわり、歴史学関係一六団体が「当該政治家やメディアに対し、過去の加害の事実、およびその被害者と真摯《しんし》に向き合うことを、あらためて求める」声明を公表した(「「慰安婦」問題に関する日本の歴史学会・歴史教育者団体の声明」二〇一五年五月二五日)。

「積極的平和主義」を売り物にしたい安倍談話では、村山談話を「全体として」継承し、「深い反省」の念を述べるにとどめ、「植民地支配と侵略」や「お詫び」の文言を省く方向でアメリカ側の了解を得るかに見えるが、その場合は中韓の反発はいっそう強くなるだろう。

安倍政権は二〇一五年版の『外交青書』における韓国についての記述から「自由、民主主義、基本的人権などの基本的な価値と、地域の平和と安定の確保などの利益を共有する」という表現を削除しており、国交正常化五〇年記念行事こそ双方で別個に開催された式典にそれぞれ首脳が相互に出席し体裁を保ったが、日韓関係の持続的な改善への見通しが立っているわけではない。

また中国との関係改善も道筋が見えない状況が続いている。中国主導で推進されているアジアインフラ投資銀行（AIIB）の設立に際して、韓国やインドを含むアジア中東諸国ばかりかイギリスをはじめとしたヨーロッパ諸国やオーストラリアなども参加する予定となったにもかかわらず、アメリカの意向をおもんぱかるあまり蚊帳の外に置かれかねない情勢に陥った。いびつな歴史観と誇大妄想的な外交戦略に囚われた政府が自ら招いた重大な外交の失敗と国益の損失であったにもかかわらず、政財官界内部からの批判や自省の声がほとんど聞こえてこないところに、日本の保守統治エリートが偏狭な国家主義に自縄自縛《じじょうじばく》となってしまっている実態がうかがえる。

「まだ改革が足りない」か

日本における歴史修正主義の高まりは今や国際的な関心を集めており、復古的な国家主義傾向が日本だけのことではないにしても、靖国史観への共感や賛同が海外で得られる見通しは皆無であり、今後日本が孤立してしまう懸念材料となってきていることを否定するのは難しい。

それに比べて、経済政策や安全保障政策の「改革」については、まだ日本は世界的に見て遅れている、不十分である、という見方も少なくない。国内的に見れば、すでに隔世の感が湧くほどにこれらの分野でも日本は右傾化したのだが、国際的にはまだ「普通の国」とはいえないというわけである。

確かに「世界で一番企業が活躍しやすい国」を目指し、歯止めのない「積極的平和主義」の論理に立つならば、もっと法人税が低く、もっと労働者の解雇が容易な国はほかにあるし、また、軍事的抑止力の強化が平和をもたらすと考えるならば、日本がアメリカの軍事力の足元にも及ばないのは当然ながら、日米同盟もまだまだ米英の「特別な関係」とは比較にならないし、軍事費の総額も伸び幅も中国がはるかに日本を上回っている。

しかし「底辺への競争(race to the bottom)」や軍拡競争という現象で知られるように、日本のさらなる右傾化はライバル他国のさらなる右傾化を惹起することになり、こうした際限なき競争はそもそも「普通の国」とはいったい何なのかという疑問を呼び起こさざるを得ない。日本はすでにアメリカに迫る高い貧困率を記録しており、軍事費も例年イギリスやフランスと肩を並べるレベルである。これは「普通」なのか、まだ「普通」でないのか、すでに「普通」を超えたのか。

いまなお「改革」が足りないというのは、単に対米追随路線の新右派転換以外の政治のありようを構想できなくなっているだけのことではないのだろうか。

二〇一四年の解散総選挙で安倍自民党が使った「この道しかない。」という選挙スローガンは、まさにサッチャー期のイギリスで盛んにいわれたフレーズ(there is no alternative 略してTINA)そっくりそのままであり、新右派転換そのもののスローガンといっていいだろう。アメリカ連邦議会での首相演説でも、安倍はラブコールのようにこのフレーズを繰り返した。グローバル化する経済や中国の台頭などで厳しさを増す安全保障環境のなかで、アメリカの要求に従って新右派転換を進める以外に日本の進む道はないのだろうか。

「底辺への競争」や軍拡競争という右傾化自体の問題点や危険性にくわえて、本書で指摘したことは、そうした「改革」が新右派転換のプロセスにおいて、常に歴史修正主義や政治的反自由主義(個人の自由の制限と国家権力の集中強化)を同伴していたということである。しかし構造改革路線の支持者たちは、せいぜい小泉の靖国参拝に眉をひそめただけで、多くの場合は黙認ないしは歓迎さえしてきたし、安倍による集団的自衛権の行使容認を含む安保法制の整備と日米同盟の強化への賛同者たちは、立憲主義をないがしろにする進め方には見て見ぬふりをするか、やむにやまれぬと受け入れてきた。こうして、旧右派連合と革新勢力が対峙した五五年体制に終止符を打った新右派転換が、さらなる進展を遂げるなかで、新右派連合の政財官界エリートによる寡頭支配へと変質していったのである。

言い換えれば、こういうことである。冷戦の終焉とともに五五年体制の保革対立が解凍されると、政党システムの流動化を経て小選挙区制の作用により二大政党制が登場し、有権者による政権選択を通じて、新右派転換が強化した国家権力に対するチェック・アンド・バランス機能が行われると謳われた。しかしオルタナティブとして育ったはずの民主党の崩壊により、戦後かつてないまでに政治システムがバランスを失い、首相官邸に集中した巨大な権力だけが抑制の利かないかたちで新右派統治エリートの手に残り、今それがさらに憲法の保障する個人の自由や権利を蝕《むしば》む反自由の政治へと転化し、またその度外れの歴史修正主義で日本の国際的孤立を招きつつあるのである。これが右傾化する日本の政治の現実ではないか。だとするならば、対抗勢力を欠いたままでは、安倍政権の後も小休止をはさんで、さらにとめどなく右傾化が進んでいくことになる。

新右派連合に対抗するどころか、抑制する政治勢力を欠き、立憲主義をはじめとした自由民主主義の根本ルールや制度さえ大きく歪められだしたという点で、日本政治の右傾化は国際比較の観点からも深刻である。日本がまだ戦争に直接参加していないのは事実だが、その準備は権威主義的な政治手法で憲法を壊すようにして進められており、ひとたび日本が戦争をするようになったとき、果たして自由民主主義国家としての体裁を保っていられるのか、強い疑念を抱かざるを得ない。

終　章　オルタナティブは可能か

1　民主党の成功と挫折

結実したかに見えた「政治の自由化」

暴走をはじめた新右派連合に代わるオルタナティブはいかにして可能か、崩壊してしまった政治システムのバランスを回復するには何をなすべきか。まずはオルタナティブとして確立したかに見えた民主党の成功と挫折を振り返ることから入る。

さきに第一章の末尾でダールが提示した「民主化」の二つの座標軸としての「自由化」と「包括性」について触れた。まず自由化であるが、この概念は反対や公的異議申し立てとも言い換えられ、政権与党に反対し競合する政治勢力を許容し、ひいては政権の座をめぐる多元的な政党間競争を常態化させることを意味している。他方、包括性とは参加ないし大衆化のことで、政治参加の機会が広く市民に与えられているかを問題にする概念である。

『ポリアーキー』でダールはシュンペーターにならい、主として公平で開かれた普通選挙制度が実現しているか否かに注目しており、たとえば、多元的な政党間競争は実現していたものの参政権の付与が有産階級の男性に限られていた一九世紀前半までのイギリス政治などは、自由化が先行する一方、包括性が低い事例として取り上げられている。逆に、普通選挙が確立していても、野党勢力が弾圧を受けるなどしてフェアな競争が行われないシンガポールなどは、包括性が高くても自由化の実現していない例ということになる。これら二つの形式的要件を満たしているかを尺度にしたとき、戦後日本はポリアーキーすなわち自由民主主義国家として存立してきたとされる。

ここでダールの議論から少し離れ、単にポリアーキーとしての形式的(法制度的)要件を満たしているか否かではなく、デモクラシーの実質に着目して彼の用いた概念枠組みを援用してみると、形式的な要件として普通選挙が実現していたとしても、実際の投票率が低迷していたり選挙以外の局面での政治参加が空疎化していたりするような状況では、デモクラシーが形骸化しているといわざるを得ないし、他方、政党間競争が活発に見えても一党優位制のもとで政権交代が起きないような状況では、やはりリベラル・デモクラシーの実質がいささか欠けているといわざるを得ない。そういう意味で、ダールの取り上げた包括性と自由化という二つの尺度は、形式的にはポリアーキーとして確立している政治体制においても有効なものといえるだろう。

こうした視座からとらえたとき、民主党の勝利がもたらした政権交代は、初めて有権者の投票行動の結果、最大野党が与党と入れ替わったという意味で、日本政治の自由化に大きく資したものであった。

民衆なき「民主革命」

二〇〇九年秋の臨時国会での所信表明演説において鳩山由紀夫首相は、自らの政権が取り組む変革を「無血の平成維新」また「国民への大政奉還」などと呼んだ。また、それに先立つ同年一月当時まだ野党・民主党の代表であった小沢一郎も党定期大会の挨拶のなかで「私たち民主党の実現目標は、明確であります。第一に、「国民の、国民による、国民のための政治」を実現する。単純な言い方ではありますが、それが民主主義の原点であります。(中略)何としても、二大政党制の下で初めて、政権交代を実現し、日本に議会制民主主義を定着させなければなりません」と述べていた。

このように、民主党の指導部にとって政権交代はまさしく日本政治の民主化そのものであった。政治主導という言葉が民主党政権の一つのスローガンとなったが、選挙で国民に選ばれた政治家が官僚たちにとってかわって統治をするしくみを実現することこそ、この歴史的な政権交代の意義だと考えていたのである。

確かに、国民の代表者たる政治家が官僚にかわって政治を担うべきであるという考えは、民主党に漸次結集していったいくつかの政治勢力に通底していた重要な信条であり、そもそも一九九三年に自民党から別々に分離した新生党と新党さきがけという肌合いの異なる政治潮流が実は共有していたものであり、時を経て二〇〇三年の民主党・自由党の合併を下支えした政治理念であった。

しかし、日本の民主政治にとって歴史的な一大事の政権交代が実現したとき、歓喜のあまり噴水に飛び込む支持者やクラクションを鳴らして街を巡る車が見られたわけではなかった。歴史的な「民主化」の瞬間というにしては、その主役、すなわち民主化を担った市民たちの姿はどこにも見えなかったのである。「柔らかい支持」が動き、低迷していた投票率が一時的に回復したのは事実だが、新しい政権党を支える民衆的基盤の交代ないし拡大においては見るべきものがなかった。

言い換えれば、ダールのいう包括性ないし参加の次元で大きな進展があったわけではなく、政権交代はまさに「政権党」の交代に限定された「民主的刷新なき政権党交代」にすぎなかったのである。民主党勝利による政権交代の意義は、「無血の民主革命」とまではいえず、日本政治の民主化への貢献としては政党政治の自由化を通しての限定的なものであった。

むろん日本政治の自由化を促した歴史的画期としての政権交代の意義を無視するべきではないし、より多元的な政治空間の萌芽を生んだことは積極的に評価されてしかるべきであろう。しかしながら、民主党による政権交代の脆弱性は、まさしく自由化の動きが民主的刷新に下支えされることがなかったことに起因していた。確固とした社会的基盤を欠いたため、ひとたび政治の自由化に反発する政治権力の抵抗に遭うや新政権は急激に失速し、もろくも変節し分裂した。

自由主義政党

「政治の自由化」の産物であった民主党は、単に政権交代の達成によってそのプロセスを一つの到達点に至らしめただけでなく、総じて自由主義的な政策志向を有した政党でもあった。むろん、民主党が明確かつ体系だった自由主義的な政治理念を標榜し、その旗印の下に結集した政治家や党員、支持者らによって構成される政党であったというわけではない。新旧右派の混在した旧新進党、自由主義的傾向の強い旧さきがけなどの自民党出身者から旧民社党や旧社会党の中道左派までが雑居し、凝集性が低かったことは否定できない。
しかし理念的な混濁や政策的な矛盾が見られるという批判は、現代政治の座標軸で中道的な位置を占めることになった自由主義政党が共通して受けるもので、なにも日本の民主党に限ったことではないのもまた事実である。

序章でも触れたように、一九世紀近代において保守反動の支配に挑戦する急進的な左派イデオロギーとして展開した自由主義は、二〇世紀に優越的なイデオロギーとしての地場を固めると同時に、最左派の立場を社会主義に譲り、政治軸の中央に陣取ることとなった。その過程で、貴族・地主階級の権益を揺るがすレッセ・フェール（自由放任）経済を唱える古典的自由主義が、やがて労働者階級の台頭とともに、政府の役割を福祉政策の充実にまで拡大することを標榜する立場（こんにちスタンダードな用語法でいうリベラリズム）へと移行していった。

それが一九七〇年代以降はさらに新自由主義として小さな政府路線への回帰を主導していったわけである。こんにちでは、原理として「自由に反対」という立場が（少なくとも西洋世界では）考えにくいほどに自由主義全盛の時代となっている。人びとの関心は「どの自由をどれだけ尊重すべきか」に移っており、新自由主義を含むいわば複数形の自由主義の間での論争に変容しているとさえいえる。

こうした展開を遂げるなかでこんにちの自由主義には社会民主主義と保守思想の双方とそれぞれに重複する部分が見られるようになっている。たとえば現在のイギリスの自由民主党にしても、党員・支持者レベルでは中道左派傾向が強いにもかかわらず、二大政党のいずれもが議席過半数の獲得を逃した二〇一〇年総選挙結果を受けて、労働党ではなく保守党との連立内閣の形成に踏み切った。これは党内では経済的自由を比較的重視する右派に位置づけられるクレッグ党首ら党執行部が牽引した動きであったが、支持者の理解を得られず二〇一五年総選挙までには支持が激減する結果を招いた。

パンケーキ政党

日本政治のコンテクストにおいては、政権与党の自民党に対峙するなかで、野党として育った民主党が、総じて自由主義的な傾向を帯びる理念・政策を取り入れていった。重要なのは、自民党の新右派転換に呼応しながら、また他の政党の吸収合併による党勢の拡大を反映して、民主党のなかでその都度異なる自由主義の側面が焼き固められ、いわばパンケーキのように積み重ねられていったということである(表2)。

旧右派連合がまだ自民党の政策志向を大きく規定する一方、小沢の率いる新進党が「たゆま

表2　民主党の発展

1996年	旧民主党「第三極」
	鳩山、菅、前原、枝野幸男など(旧さきがけ) 赤松広隆、仙谷由人、横路孝弘など(旧社会党)
	「市民の党」「未来志向の政治的ネットワーク」
	「資本主義的自由主義」と「社会主義的平等主義」に対する「友愛精神にもとづく自立と共生の原理」
	「過剰な対米依存を脱して日米関係を新しい次元で深化させていくと同時に、アジア・太平洋の多国間外交を重視」
1998年	新民主党「第一野党」
	羽田孜、北澤俊美、鹿野道彦、岡田克也など(旧新進党) 川端達夫、直嶋正行など(旧民社党)
	「民主中道」
	「私たちは、政権交代可能な政治勢力の結集をその中心となって進め、国民に政権選択を求めることにより、この理念を実現する政府を樹立します」
	「市場万能主義」と「福祉至上主義」に対する「自立した個人が共生する社会」
2003年	民由合併「二大政党」
	小沢、藤井裕久、山岡賢次など(旧自由党)
	「国民の生活が第一。」「コンクリートから人へ」「チルドレン・ファースト」

ざる改革」「責任ある政治」というように新右派転換を掲げていた一九九六年に、「第三極」の形成を目指し、新党さきがけの鳩山と菅を軸に社民党の一部を引き抜くかたちで生まれた旧民主党は、「自立と共生の下からの民主主義」「市民中心社会」などを掲げ、「市民」や「友愛」をキーワードに「政官業癒着の利権政治」や「官僚主導の国家中心型社会」との訣別を宣言した。

それが、新進党の解党を受けて小沢と離別した保守系や旧民社党系が合流した一九九八年の新民主党の結成に際しては、「「市場万能主義」と「福祉至上主義」の対立概念を乗り越え、自立した個人が共生する社会をめざし、政府の役割をそのためのシステムづくりに限定する、「民主中道」の新しい道を創造します」との基本理念を謳い、同年夏の参議院選挙では「大胆に！　根本的に！　構造改革で経済を立て直します」「「選択の自由」と「支え合う安心」を大切にします」「官僚の口出し、政治家の口利きを許しません」と自由主義的な政治や社会と新自由主義的な経済を志向する改革の担い手として自民党をしのぐことを強調するようになった。こうした民主党の存在が、橋本（や小渕）の下で自民党が新右派転換を進めていったことの背景にあった。

このように改革を競い合う姿勢は、二〇〇一年に小泉政権が誕生しても続き、同年夏には

「同じ改革でも中身がちがう。民主党の改革」として、政府与党の構造改革路線に賛成しつつ、その具体的な中身やスピード、改革の「痛み」の分配、改革を補完するセーフティネットの整備において、自民党と異なり、またその先を行くことを訴えた。しかし現実には、小泉自民党政権が改革の旗を奪い取ってしまったことによって、民主党は精彩を欠いたまま守勢に立たされた。

こうしたなか二〇〇三年の自由党との合併を経て、二〇〇六年に小沢が代表に就任した頃までには、小泉構造改革路線のさまざまな弊害が明らかになったこととあいまって、民主党は戦略転換を進めていく。新右派連合が勝利し、イデオロギーや情念が先走るようになった自民党に対して、国民生活の物質的な安定の必要に焦点を絞り、今や中道右派から中道左派まで糾合する自民党の対抗勢力となった民主党は、二〇〇七年の参議院選挙と二〇〇九年の衆議院選挙において「国民の生活が第一。」「コンクリートから人へ」をスローガンに勝利を収めたのであった。

ここに至って、かつては徹底的な新自由主義的改革の補完物として位置づけられていたリベラルなセーフティネットの構築が、国民の生活を守る政治の使命そのものとして前面に押し出されるところとなり、ムダを排除する行財政改革はその財源確保のための手段として、優先順位がちょうど入れ替わった格好となったのであった。

こうした変遷を概観してみると、新右派転換を進めていった自民党への対抗から、民主党の理念や政策も相当に変貌したことが明らかになる一方、しかしそれが「自立と共生」を主軸に据えた、新自由主義を含む広義の自由主義の枠内での変容だったことが指摘できる。

むろん、新自由主義的ニュアンスのにじむ「自立」が「共生」とどうバランスをとるのかという点や、「共生」にしてもリベラルな理解(普遍主義的福祉政策)と生活保守主義的な理解(旧右派連合の恩顧主義)のいずれなのかという点などについて、党としての共通理解が詰められていたわけではなかった。民主党への参加や政界入りの背景やタイミングなどによってそこはまちまちであり、パンケーキ状に層を成して重なったものの総体が民主党という自由主義的なオルタナティブだったのである。さらに選挙協力を行った社民党と国民新党と連立を組んでの政権交代だった。

未完の「政権党交代」

しかし、民主的刷新を伴わない一回の選挙結果によって「政治の自由化」が貫徹するほど、戦前から戦後の長きにわたり日本を支配しつづけた保守権力はやわなものではなかった。政権交代というより「政権党交代」と呼ぶほうがふさわしいのは、民主党の推進した政治の自由化が確固とした民衆的基盤を欠いていたことのほかに、従来の政権党であった自民党が現実には政権のすべてではなく、その一部をなしていたにすぎなかったからである。

自民党が下野したのちも、民主党の体現する政治の自由化に抗《あらが》いつづけた政治権力の筆頭は、いうまでもなく「政治主導」によって最も直接的にその地位を脅かされることになった官僚制であった。

保守長期政権の枠組みのなか、自民党と官僚制は「自民＝官庁混合体」(佐藤誠三郎・松崎哲久『自民党政権』五頁)とも称される密接な関係を築き上げており、自らのマニフェストを手に、多岐にわたる政策の抜本的な変化を公言する民主党の政権掌握は、まさに歓迎されざる事態であった。

こうした反発は、政権交代前の通常国会中に農水事務次官が民主党の農業政策を記者会見で「我が省がやってきた農政とはラインが全然違う」と批判して物議を醸したことに端的に表れていた。民主党との相互不信は強く、鳩山内閣の政務三役がおおむね官僚を排除するかたちで重要な政策決定を進める姿勢を示したことから、官僚側もかつてない疎外感と危機感を味わうこととなり、積極的に新政権に協力しようというような態度はほぼ見られなかった。

新政権が一定の支持率を維持していた当初、官僚たちから漏《も》れてくるのは、蚊帳の外に追い出されたことの愚痴や政務三役らの「政権担当能力」の欠如についての陰口が多く、正面からの表立った反抗や批判はまだ稀であったが、それでも官僚制のなかでも比較的「独立性」が高く、従って政治主導の影響を受けにくい官庁は政権交代に対する拒絶反応をより明白に見せることがあった。

なかでも民主党政権の誕生にもっとも執拗に抵抗を続けたのは検察庁であった。そもそも最大野党の代表であった当時から小沢をつけ狙った検察組織(法務官僚)の暴走ともいえる民主政治プロセスへの露骨な介入は、「小沢をめぐる一連の」捜査や事件、あるいは「陸山会事件」などというような漠然とした名前でしかよびようのない国策捜査であった。小沢という野党政治家であった個人を標的としたものであり、政権交代後も、検察は政治資金規正法違反容疑で現職国会議員を含む元秘書の逮捕・起訴に至った(その後、検察審査会の議決により、小沢本人も強制起訴)。

検察庁が主導しマスコミが煽った「政治とカネ」の問題は、野党時代からほぼ一貫して民主党だけを揺さぶりつづけ、鳩山が首相を辞任する一因ともなったばかりか、やがては小沢の処遇をめぐり民主党を完全に分断することに成功した。

マスコミもまた、記者クラブ制度などを民主党の掲げる自由化によって脅かされた存在であり、従来の政治権力のあり方を維持するべく、民主党内閣への強い拒絶反応を示した。そもそも報道各社政治部の上層部の多くは自民党幹部の番記者上がりで占められ、民主党の政策イニシアティブには概して冷淡であった。

また本来ならば政権交代を機会に、当然検証の対象とするべき前政権（自民党長期政権）の政治・政策上の責任を追及することを怠った。これは財政赤字から東電福島第一原発事故に至るまで徹底している。こうして、新聞でいうならば、新右派メディア（産経・読売）がなりふり構わず民主党攻撃のボルテージを上げるかたわらで、エスタブリッシュメントメディア（朝日・日経）は別の意味の保守性を見せ、政治を自由化しようとする民主党政権は政治報道において早々に孤立無援の状態に陥ったのである。

むろん、連合からの支持を受ける民主党に対して、情報産業にかぎらず財界全体も冷淡であった。

鳩山内閣の崩壊のもっとも直接的な要因となったことからも明らかなように、外交政策とりわけ普天間基地移設問題の見直しに最大の蹉跌をきたしたのは、従来の日米関係の見直しと再検討を拒んだ米国側の頑な態度であった。アメリカは、政権交代と民主党の掲げる日本政治の自由化にまったくといっていいほど準備を欠いていた。小泉以来の対米追随路線に慣れきって、二〇〇九年中は「属国」に接する高圧的な態度を日本に対して貫いたといっても過言ではなかった。

こうした傾向はいわゆる「知日派」とされる政策関係者のなかで著しく、ここでも「自民＝官庁混合体」との癒着めいた親密さを印象づけた。二〇一〇年に入り、ようやく米国のより広範な外交専門家たちから鳩山内閣の新しいアプローチを歓迎するべきとの提言も散見されはじめたが、自国の外務官僚に裏切られマスコミに突き放された首相の「一人芝居」はあえなく潰えたのであった。このとき社民党は連立から離脱した。

このように、民主党の「民主的刷新なき自由化」は、ひとたび「政権党交代」の現実として自民党の下野後もなお根強く残った旧来の政治権力の壁が立ちはだかったときに、その脆弱さを露呈した。民衆的基盤を欠いていたことが、二〇〇九年の衆議院選挙圧勝からわずか一年で（得票数では自民党を上回っていたとはいえ）参議院選挙での惨敗と攻守を替えたねじれ国会の再来をもたらしてしまったのである。こうして皮肉なことに、民主党は「政権交代」はおろか「政権党交代」さえ完遂できなかったのであった。

民主党の分裂と崩壊

二〇〇九年の総選挙勝利による政権交代からわずか九カ月弱で鳩山と小沢がそれぞれ総理大臣、幹事長を辞任し、政権は副総理兼財務大臣であった菅直人に引き継がれた。しかし就任後まもない参議院選挙での敗北と民主党代表選挙での小沢との対決を経て、菅が進めていったいわゆる「小鳩外し」「小沢斬り」は、民主党を政権交代に導いたトロイカ体制の崩壊のみならず、自由主義政党としての民主党の終わりの始まりを意味していた。

小沢・鳩山との亀裂が決定的になっていくなかで、菅は「七奉行」世代への橋渡しとして自らを位置づけることによって党内基盤の確保を図り、また消費税増税を組上にのせることで財務省の支持を得て政権運営を行うことを目指したが、それはとりもなおさず次なる新右派転換の大波の呼び込みが始まってしまったことを意味していた。

ここに小沢の処遇問題という政局課題とマニフェストの見直しおよび消費税増税の是非という政策課題をめぐる権力闘争が重なり、民主党というパンケーキを支えてきたデリケートな均衡は失われた。

結局のところ、民主党による政権交代の失敗は、その「頂上作戦」、言い換えれば「民主的刷新なき自由化」の限界に起因している。政治理念としては概して自由主義的な傾向を持つ政治勢力が結集したとはいえ、パンケーキ組織の実態は、旧態依然の「個人商店の連合体」すなわち個々の政治家の後援会組織の連盟にすぎなかったのであり、その点、もともと党組織のあり方として保守名望家政党の自民党と選ぶところがなかった。

開かれた公共財としての政党の構築をおろそかにしてきたことにより、脆弱な民衆的基盤しか持たなかった民主党は、自民党を破ることはできても、官僚制、マスコミ、財界、米国などの厚い壁を前に「国民の生活が第一。」という指針をあっさり放棄し、支持を失ってしまい、そうすると今度はただちに政局ひいては政界再編という名の次なる「個人商店」の離合集散が画策される事態に至ってしまった。

またこうした自由主義政党としては致命的な民主的な足腰の弱さは、何も個々の有権者との関係だけでなく、市民団体や社会運動などいわゆる中間団体との関係でも連携の弱さが指摘されるべきである。「自立生活サポートセンター・もやい」の湯浅誠氏(当時)や「自殺対策支援センターライフリンク」の清水康之氏の内閣府参与就任など画期的な人事の事例も見られたものの、組織レベルでの連携・協力が十分であったとはいい難かった。

小沢は新右派転換した自民党からの離反が期待できる旧右派連合の顧客団体(農協、医師会、土地改良事業、トラック協会など)を引き剝《は》がしてくることにしか関心を見せず、他方、反小沢の七奉行世代は概して新自由主義的な発想から中間団体との連携そのものを嫌う傾向が強かった。結局、「柔らかな」支持頼みで、いざ選挙で負けるとなると、民主党そのものが雲散霧消してしまうかのように弱かった。

2　「リベラル左派連合」再生の条件

とめどない右傾化の危機

民主党が「総崩れ」となった結果、残った政党システムが未だかつてないほどにバランスを失したものとなったことは既に第三章で指摘した。野党時代にいっそう右傾化した自民党が政権復帰を果たしたばかりか、新たに新右派ないし極右の衛星政党として現在の維新の党（日本維新の会と、みんなの党から分離した結いの党が合体）や次世代の党（日本維新の会から分離）が誕生し、他方、残存した民主党は野田政権における「自民党化」を担った勢力が中心となっており、小沢グループはほぼ壊滅状態となった。

小選挙区制論者などから、それでもなおいずれまた「振り子」の原理が働き、政権交代が起きるという「楽観論」が聞かれるが、その根拠となるような事実は現状では見当たらない。むろん安倍政権がいつまでも続くということではない。むしろこれまでの本書の分析が正しいならば、限定的な揺り戻し、あるいは小休止が予期される。しかし、新右派連合が自民党のみならず官僚制やメディア、財界などを含めた政治システム全体をほとんど制圧してしまった今、二〇〇九年段階の民主党に匹敵する程度の実質を持ったオルタナティブが表れる保証などどこにもない。実際、民主党と維新の党の連携強化、さらには合併も噂されるが、自民党の新右派連合との意味のある差異は見出せない。

新右派転換の振り子は、一九八〇年代以降、常に支点も一緒に右に動きながら振れており、揺り戻しといっても極めて限定的にすぎないことを本書では明らかにしてきた。また第一章において、旧右派連合の成功が同時に代償としての金銭的コスト(財政負担と政治腐敗)の増大を伴い、そこに新右派転換の始まりと旧右派連合の終わりの糸口があったことを指摘した。

新右派連合が絶頂に達したこんにち予期されるのは、旧右派連合と同様にその成功のコストが内部から新右派連合の崩壊を誘発することである。それでは新右派連合のコストとは何なのか。それは、新右派連合の矛盾を覆い隠し、その下での国民統合を可能にしてきたアイデンティティや情念(パトス)を操作する復古イデオロギーである。当初、国際協調主義の大きな流れのなかで始まった新自由主義改革や「国際貢献」論が、対米追随路線の寡頭支配へと変転していったとき、まさに歴史修正主義を中核とした国家主義の復古イデオロギーへの転化が進んでいったことを思い返すべきであろう。

新自由主義にしても国家主義にしても、実際には既に看板倒れになっており、トランスナショナルなエリートによるグローバルな寡頭支配が国民国家を空洞化している現実が覆い隠せなくなると、今後、反米復古主義によって日本をさらに「取り戻そう」とする声が右傾化に拍車を掛けていくだろう。

言い換えれば、このままオルタナティブのないまま、新右派連合の暴走がつづくようになると、右傾化の次なるステージは、対米追随路線で抑えきれないところまで復古主義的な国家主義の情念が噴出するようになることである。内田樹《たつる》もまた「対米従属を通じて対米自立を果たす」という「のれん分け戦略」が破綻を迎えたとき、「幼稚な反米主義」が噴き出す可能性を指摘する（内田樹・白井聡『日本戦後史論』二一〇―二一三頁）。しかし、そのとき日本は完全に国際社会から孤立することになる。

右傾化へのカウンター・バランスを築き直すためには、自由主義（リベラル）勢力と革新（左派）勢力がそれぞれに再生を果たし、何らかのかたちで相互連携を行うほかない。しかしこれは容易なことではない。これまで再三指摘してきているように、右傾化傾向が顕著になっているのは日本だけの問題ではなく、新右派転換が引き起こした政治の右傾化の帰結としての寡頭支配がグローバルな規模で拡散をつづけているのが現実である。日本ほどまでにリベラル左派勢力が弱体化した自由民主主義体制は珍しいにしても、どこもめざましい成功例と呼べるほどのものもない。

また、日本で新右派転換の部分的な揺り戻しを引き起こしてきた一九八九年参議院選挙での土井社会党の勝利、自社さ政権、一九九八年の「ねじれ」、そして民主党の躍進から政権交代などの先行例を見ても、どれも部分的で一時的なものに終わったことから、その困難なことは明らかである。

しかし、「民主的刷新なき自由化」がついに「反自由の政治」に帰着した今、民主的刷新と自由化の二兎《にと》を追うほかオルタナティブの形成は望めないのではないか。

すでに残された紙幅は限られており、リベラル左派連合の再興のための本格的な論考はまたの機会にゆずるほかないが、ここではそのための基礎条件を三つだけ挙げて本書を締めくくる。

小選挙区制の廃止

第一の条件は、選挙制度の見直し、すなわち小選挙区制の廃止を中心とした選挙制度改革である。そもそも日本で小選挙区制を導入した経緯では、意図的に死票の多い制度をつくり、政党制の寡占化を「二大政党制化」の美名の下に進めようとしたわけで、それはいわばわざと寡占市場をつくっているわけであった。その意味で、有権者と政党政治家の関係を自由市場におけるる売買になぞらえるアナロジーは最初から破綻している。

「多数派支配(majority rule)」を標榜しながら、実際にはせいぜい「相対多数支配(plurality rule)」にとどまる「少数派支配(minority rule)」が小選挙区制の実態であることはすでに述べた通りである。

しかも候補者レベルでの寡占状態(二大政党制化)から「勝者総取り」で独占(トップ候補しか当選しない小選挙区レベルでも、議会第一党による単独政権が通常となる政府レベルでも)をつくる制度は、自由市場における需給調節メカニズムには似ても似つかないのである。これでは有権者の投票行動にもとづく政党に対する市場規律が健全に働くことを期待するほうがおかしい。

むしろ寡占市場の論理を考えたとき、二大政党が結託、共謀して、談合やカルテルをむすぶ可能性や、また権力を独占する単独政権が有権者を無視して暴走する可能性が高いと考えるほうが当然であり、現実に野田民主党の「自民党化」を経て、現在の安倍自民党の暴走に至ってしまった。

民主主義の原点に戻り、小選挙区比例代表併用制などの比例代表制を市民社会の側から求めていくことが不可欠であろう。また、国際的に見ても極めて低い女性やマイノリティの政治代表の民主性を高めるために、クオータ(割当)制の導入を進めるべきである(三浦まり・衛藤幹子『ジェンダー・クオータ——世界の女性議員はなぜ増えたのか』)。

新自由主義との訣別

二つめは、リベラル勢力が新自由主義と訣別することである。企業主義や利己的な欲望や情念の追求を正当化するドグマに堕した新自由主義は、実は自由主義でも何でもないのであり、むしろ新自由主義改革がもたらした政治経済の寡頭支配は、暴力や貧困、格差など、こんにち個人の自由や尊厳を脅かす最大の要因となっている。

新自由主義がいつの間にか乗っ取って、グローバル企業の自由の最大化にすり替えてしまった「自由」概念をリベラル勢力が奪い返し、経済的自由に限らない豊かな個人の自由の意味を再構築していくことである。

これは自由市場における競争のメリットを否定するものではなく、市場化や民営化、規制緩和などが、現実には自由な市場ではなく寡占市場をつくったり、寡占企業へ利権を譲渡したりしているのにすぎないことを直視するということである。

同じことは対米追随についてもいえる。極端な反米主義への転換を回避するためにも、国際協調主義のなかの節度を持った対米協調への回帰が妥当であろう。「日米関係を重視しつつ、米国・日本を含むアジア・太平洋各国間の新たな、そして多様で重層的な信頼関係の構築とその強化に大きな努力を払うべき」との考えにもとづき「議員外交、知識人外交、民間経済外交、市民社会外交」などの推進を提唱するシンクタンク・新外交イニシアティブ（ND）の活動などは、こうした取り組みの萌芽を示している。

リベラルを自任する都市中間層が、公務員バッシングや生活保護バッシングなどの安直な新自由主義プロパガンダに乗じて晴らす鬱憤や情念の半分でも、現在の対米追随や企業支配がいかに自分や自分の家族を不幸にしているのかを冷静に分析する思考に割くようになったならば、政治のあり方は大きく変わっていく。

グローバルな寡頭支配の拡散に抗うということは、気の遠くなるほど大変なことだが、根気よく運動の裾野を広げて政治や経済の失われたバランスを回復していくほかにない。数多いとはいえないが、民主党などに踏みとどまり、個人の尊厳のために闘っているリベラル勢力は、縮こまることなく理想を語り、積極的に進歩的な価値を発信し、グローバルな市民社会との連携を深めていかなくてはならない（坂野潤治・山口二郎『歴史を繰り返すな』七一一四頁）。

同一性にもとづく団結から他者性を前提とした連帯へ

かつて革新勢力は、政治、社会、経済の自由化に対応しきれず、ジリ貧となっていってしまった。また民主党にしても民衆的基盤を欠いたことが、ひとたび壁に打ち当たったとき一気に無残な敗退を余儀なくされた要因であった。個人の自由と尊厳にもとづく社会運動を基盤としてはじめてリベラル左派からのオルタナティブの構築が現実のものとなるだろう。

そのためには、第三の条件として、旧来型の同一性（アイデンティティ）に依拠した団結から、相互の他者性を受け入れてなお連帯を求めあうかたちへと、左派運動のあり方、言い換えれば集合文化（エトス）の転換を進めていかなくてはならない。前衛政党や組合幹部からの上意下達的な組織モデルは、教条主義に陥り、独善の袋小路へと至るのみであった。

こんにち共産党や社民党は女性やLGBT（セクシャル・マイノリティ）の政治参加をリードするような動きを見せており、民主党の鈍さが際立つほどになっている。

また脱原発運動を契機に新たに生まれた多様なアクティビズムは、互いに異なる自由な個人が連携し、協力しあい、知恵を出しあうような形態（エトス）への移行によって、既に特定秘密保護法や集団的自衛権行使容認の解釈改憲への反対、ヘイトへのカウンター、アンチ・レイシズム、フェミニズム、ＬＧＢＴ、沖縄への連帯などさまざまな対抗運動へと広がりと若返りを見せている。

かつては相互に競合したような運動体が、「戦争させない・九条壊すな！　総がかり行動実行委員会」などのように過去の経緯を乗り越えて積極的に共闘する局面が増えてきている。キリスト教や仏教、新宗教などの反戦平和運動の取り組みも盛んになり、日本弁護士連合会や「明日の自由を守る若手弁護士の会（あすわか）」などもめざましい活躍を見せている。学者たちも声を挙げはじめた。

そこにさらに「自由と民主主義のための学生緊急行動（ＳＥＡＬＤｓ）」などの若く新しい動きが活力を与えている。また「全日本おばちゃん党」や「怒れる女子会」など、女性たちによる政治参加の斬新なかたちの模索も大きな躍動を感じさせる。

また、ビデオニュース・ドットコム、ＩＷＪ（インディペンデント・ウェブ・ジャーナル）、アワープラネットＴＶ、デモクラＴＶなどの独立系のインターネット・メディアやフリーランス・ジャーナリストらの活躍も市民たちのつくる新たな公共空間と政治参加の拡大を後押ししている。

新右派転換が時間をかけて壊してきた自由民主主義の諸制度を立て直すとともに、リベラル勢力が新自由主義ドグマと訣別し、左派勢力が自由化・多様化をいっそう進めることによって民衆的基盤を広げたとき、はじめてリベラル左派連合による反転攻勢が成果を挙げることになるだろう。

道は険しく、時間は限られているが、負けられない闘いはすでに始まっている。

あとがき

日本政治の新右派転換と右傾化というテーマを研究者として迫うようになってから、早くも一〇年経ってしまった。小泉純一郎政権における構造改革(新自由主義)と靖国参拝(国家主義)の組み合わせに、橋本龍太郎そして中曽根康弘政権またイギリスのマーガレット・サッチャー政権などとの類似と関連を想起させられたことがきっかけであった。

当初の研究は、上智大学COEプログラム「地域立脚型グローバル・スタディーズの構築(AGLOS)」の枠組みのなかで行うことができ、その後も上智大学の仲間に支えられてきた。グローバル・スタディーズ研究科グローバル社会専攻、国際教養学部、そしてグローバル・コンサーン研究所の同僚たちにこの場を借りてお礼を述べたい。なかでも最大のインスピレーションの源は、村井吉敬さんであった。あまりに早くお亡くなりになってしまった村井さんと、その良き伴侶にして尊敬してやまない研究者でもある内海愛子さんにこの本を捧げる僭越をお許しいただきたい。

本書の構想や執筆に際して、数々の発表や意見交換の場で貴重なコメントやご批判をいただいた。その全てにお礼を申し上げるのは不可能だが、なかでも在外研究で滞在したニュージーランドのオークランド大学のマーク・マリンズさんをはじめ、オタゴ大学のケヴィン・クレメンツ、将基面貴巳、柴田理愛、ドイツではハンブルグ大学のガブリエレ・フォーグト、ベルリン自由大学のヴェレーナ・ブレッヒンガー＝タルコット、ブリティッシュ・コロンビア大学のイヴ・ティベルギアン、デュースブルグ＝エッセン大学のアクセル・クライン、オーストラリア国立大学のリッキー・カーステン（現在はマードック大学）と藤原一平、日仏会館のジャン＝ミシェル・ビュテル（フランス国立東洋言語文化大学）、英国日本研究協会日本支部のフィリップ・シートン（北海道大学）とシルビア・クロイドン（京都大学）、東京大学社会科学研究所のグレゴリー・ノーブルと石田浩、滋賀大学経済学部リスク研究センターのロバート・アスピノール各先生に感謝申し上げたい。また本書の終章第一節が、既出論考「「政権交代」とは何だったのか、どう失敗したのか――民主党とリベラリズムの来し方と行く末」（『世界』二〇一二年九月号所収）に依拠したこともあわせて記し、『世界』編集部の皆さんの平素からのご高誼に謝するものである。

学術的な政治学研究の枠に収まりきらない場でも多くの方からたくさんのことを教わった。九六条の会と立憲デモクラシーの会の故・奥平康弘、樋口陽一、山口二郎各先生をはじめとした幹事会や呼びかけ人の皆さん、一般財団法人日本再建イニシアティブの船橋洋一さんと俵健太郎さん、日本外国特派員協会や在京各国大使館の皆さん、共同通信社政経懇話会事務局の岩見由理さん、日本カトリック司教協議会の皆さん、そして集会や講演会でお話しする機会をくださった市民運動関係者の皆さんに心よりお礼申し上げる。

最後に、恩師アーサー・ストックウィン教授、そして一番近しい研究者三浦まりさん、本書の刊行にご尽力くださった岩波書店新書編集部の中山永基さん、現在は営業局マーケティング部におられる山川良子さん、本当にありがとうございました。最愛の姪や息子、その同世代の若者や子どもたちがいずれ手に取って読んでくれたらと願いつつ書きましたが、まだ至らないところが残るのはすべて私の責任です。ともにより良い「戦後八〇周年」を切り拓くことができることを祈念しつつ筆を擱《お》きます。

二〇一五年六月

中野晃一

参考文献

青木理『ルポ　拉致と人々――救う会・公安警察・朝鮮総聯』岩波書店、二〇一一年。

飯尾潤『民営化の政治過程――臨調型改革の成果と限界』東京大学出版会、一九九三年。

石田雄『日本の社会科学』東京大学出版会、一九八四年。

伊藤昌哉『池田勇人とその時代』朝日文庫、一九八五年。

内田樹・白井聡『日本戦後史論』徳間書店、二〇一五年。

内山融『小泉政権――「パトスの首相」は何を変えたのか』中公新書、二〇〇七年。

マイケル・オークショット（嶋津格ほか訳）「保守的であるということ」、『政治における合理主義』（増補版）勁草書房、二〇一三年。

逢坂巌『日本政治とメディア――テレビの登場からネット時代まで』中公新書、二〇一四年。

大嶽秀夫『自由主義的改革の時代――一九八〇年代前期の日本政治』中央公論社、一九九四年。

大平正芳『風塵雑俎』鹿島出版会、一九七七年。

奥平康弘・愛敬浩二・青井未帆編『改憲の何が問題か』岩波書店、二〇一三年。

小沢一郎『日本改造計画』講談社、一九九三年。

ジェラルド・カーティス（山岡清二訳）『「日本型政治」の本質――自民党支配の民主主義』ＴＢＳブリタニカ、一九八七年。

川崎泰資・柴田鉄治『組織ジャーナリズムの敗北――続・NHKと朝日新聞』岩波書店、二〇〇八年。

アンドリュー・ギャンブル（小笠原欣幸訳）『自由経済と強い国家――サッチャリズムの政治学』みすず書房、一九九〇年。

草野厚『国鉄改革――政策決定ゲームの主役たち』中公新書、一九八九年。

ナオミ・クライン（幾島幸子・村上由見子訳）『ショック・ドクトリン――惨事便乗型資本主義の正体を暴く』上・下、岩波書店、二〇一一年。

後藤謙次『ドキュメント平成政治史1　崩壊する五五年体制』岩波書店、二〇一四年。

斎藤貴男『ルポ　改憲潮流』岩波新書、二〇〇六年。

佐々木憲昭編著『変貌する財界――日本経団連の分析』新日本出版社、二〇〇七年。

佐藤誠三郎・松崎哲久『自民党政権』中央公論社、一九八六年。

ヨーゼフ・シュムペーター（中山伊知郎・東畑精一訳）『資本主義・社会主義・民主主義』（新装版）東洋経済新報社、一九九五年。

上丸洋一『『諸君！』『正論』の研究　保守言論はどう変容してきたか』岩波書店、二〇一一年。

チャーマーズ・ジョンソン（矢野俊比古監訳）『通産省と日本の奇跡』TBSブリタニカ、一九八二年。

ロバート・A・ダール（高畠通敏・前田脩訳）『ポリアーキー』岩波文庫、二〇一四年。

竹中治堅『首相支配――日本政治の変貌』中公新書、二〇〇六年。

武村正義『小さくともキラリと光る国・日本』光文社、一九九四年。

俵義文「安倍首相の歴史認識の来歴をさぐる」、林博史・俵義文・渡辺美奈『「村山・河野談話」見直しの錯誤——歴史認識と「慰安婦」問題をめぐって』かもがわ出版、二〇一三年。

俵義文『ドキュメント「慰安婦」問題と教科書攻撃』高文研、一九九七年。

中北浩爾『現代日本の政党デモクラシー』岩波新書、二〇一二年。

中北浩爾『一九五五年体制の成立』東京大学出版会、二〇〇二年。

中北浩爾『自民党政治の変容』NHK出版、二〇一四年。

中曽根康弘『新しい保守の論理』講談社、一九七八年。

中曽根康弘『自省録——歴史法廷の被告として』新潮社、二〇〇四年。

中野晃一「現代日本の「ナショナリズム」とグローバル化——「政治的反自由と経済的自由」の政治研究」、岸川毅・中野晃一編『グローバルな規範／ローカルな政治——民主主義のゆくえ』上智大学出版、二〇〇八年。

中野晃一「政権・党運営——小沢一郎だけが原因か」、日本再建イニシアティブ『民主党政権　失敗の検証 日本政治は何を活かすか』中公新書、二〇一三年。

中野晃一『戦後日本の国家保守主義——内務・自治官僚の軌跡』岩波書店、二〇一三年。

中野晃一「ヤスクニ問題とむきあう」、中野晃一＋上智大学二一世紀COEプログラム編『ヤスクニとむきあう』めこん、二〇〇六年。

日本経済団体連合会『希望の国、日本　ビジョン二〇〇七』日本経団連出版、二〇〇七年。

デヴィッド・ハーヴェイ（渡辺治監訳）『新自由主義——その歴史的展開と現在』作品社、二〇〇七年。

服部龍二『大平正芳　理念と外交』岩波現代全書、二〇一四年。

原寿雄『安倍政権とジャーナリズムの覚悟』岩波ブックレット、二〇一五年。

原彬久『岸信介――権勢の政治家』岩波新書、一九九五年。

坂野潤治・山口二郎『歴史を繰り返すな』岩波書店、二〇一四年。

福永文夫『大平正芳――「戦後保守」とは何か』中公新書、二〇〇八年。

フランシス・フクヤマ(渡部昇一訳)『歴史の終わり――歴史の「終点」に立つ最後の人間』上・下(新装新版)、三笠書房、二〇〇五年。

細川護熙『内訟録――細川護熙総理大臣日記』日本経済新聞出版社、二〇一〇年。

三浦まり・衛藤幹子編著『ジェンダー・クオータ――世界の女性議員はなぜ増えたのか』明石書店、二〇一四年。

御厨貴・芹川洋一『日本政治――ひざ打ち問答』日経プレミアシリーズ、二〇一四年。

御厨貴・牧原出編『聞き書　野中広務回顧録』岩波書店、二〇一二年。

宮澤喜一『新・護憲宣言――二一世紀の日本と世界』朝日新聞社、一九九五年。

村山富市・佐高信『「村山談話」とは何か』角川書店、二〇〇九年。

毛里和子『日中関係――戦後から新時代へ』岩波新書、二〇〇六年。

薬師寺克行編『村山富市回顧録』岩波書店、二〇一二年。

柳澤協二『亡国の安保政策――安倍政権と「積極的平和主義」の罠』岩波書店、二〇一四年。

渡辺治「安倍政権とは何か?」、渡辺治・岡田知弘・後藤道夫・二宮厚美『〈大国〉への執念――安倍政権と日本の危機』大月書店、二〇一四年。

中野晃一

1970年生まれ．東京大学文学部哲学科および英国オックスフォード大学哲学・政治コース卒業，米国プリンストン大学で博士号(政治学)を取得．現在，上智大学国際教養学部教授．専門は比較政治学，日本政治，政治思想．
著書に『戦後日本の国家保守主義――内務・自治官僚の軌跡』(岩波書店，2013年)，*Party Politics and Decentralization in Japan and France: When the Opposition Governs*, Routledge, 2010,『グローバルな規範／ローカルな政治――民主主義のゆくえ』(共編，上智大学出版，2008年)，『ヤスクニとむきあう』(共編，めこん，2006年)など．

右傾化する日本政治　岩波新書(新赤版)1553

2015年7月22日　第1刷発行
2022年11月4日　第9刷発行

著　者　中野晃一《なかのこういち》

発行者　坂本政謙

発行所　株式会社 岩波書店
〒101-8002 東京都千代田区一ツ橋2-5-5
案内 03-5210-4000　営業部 03-5210-4111
https://www.iwanami.co.jp/

新書編集部 03-5210-4054
https://www.iwanami.co.jp/sin/

印刷・三陽社　カバー・半七印刷　製本・中永製本

ISBN 978-4-00-431553-7　Printed in Japan

岩波新書新赤版一〇〇〇点に際して

ひとつの時代が終わったと言われて久しい。だが、その先にいかなる時代を展望するのか、私たちはその輪郭すら描きえていない。二〇世紀から持ち越した課題の多くは、未だ解決の緒を見つけることのできないままであり、二一世紀が新たに招きよせた問題も少なくない。グローバル資本主義の浸透、憎悪の連鎖、暴力の応酬——世界は混沌として深い不安の只中にある。

現代社会においては変化が常態となり、速さと新しさに絶対的な価値が与えられた。消費社会の深化と情報技術の革命は、種々の境界を無くし、人々の生活やコミュニケーションの様式を根底から変容させてきた。ライフスタイルは多様化し、一面では個人の生き方をそれぞれが選びとる時代が始まっている。同時に、新たな格差が生まれ、様々な次元での亀裂や分断が深まっている。社会や歴史に対する意識が揺らぎ、普遍的な理念に対する根本的な懐疑や、現実を変えることへの無力感がひそかに根を張りつつある。そして生きることに誰もが困難を覚える時代が到来している。

しかし、日常生活のそれぞれの場で、自由と民主主義を獲得し実践することを通じて、私たち自身がそうした閉塞を乗り超え、希望の時代の幕開けを告げてゆくことは不可能ではあるまい。そのために、いま求められていること——それは、個と個の間で開かれた対話を積み重ねながら、人間らしく生きることの条件について一人ひとりが粘り強く思考することではないか。その営みの糧となるものが、教養に外ならないと私たちは考える。歴史とは何か、よく生きるとはいかなることか、世界そして人間はどこへ向かうべきなのか——こうした根源的な問いとの格闘が、文化と知の厚みを作り出し、個人と社会を支える基盤としての教養となった。まさにそのような教養への道案内こそ、岩波新書が創刊以来、追求してきたことである。

岩波新書は、日中戦争下の一九三八年一一月に赤版として創刊された。創刊の辞は、道義の精神に則らない日本の行動を憂慮し、批判的精神と良心的行動の欠如を戒めつつ、現代人の現代的教養を刊行の目的とする、と謳っている。以後、青版、黄版、新赤版と装いを改めながら、合計二五〇〇点余りを世に問うてきた。そして、いままた新赤版が一〇〇〇点を迎えたのを機に、人間の理性と良心への信頼を再確認し、それに裏打ちされた文化を培っていく決意を込めて、新しい装丁のもとに再出発したいと思う。一冊一冊から吹き出す新風が一人でも多くの読者の許に届くこと、そして希望ある時代への想像力を豊かにかき立てることを切に願う。

（二〇〇六年四月）

政治

岩波新書／最新刊から

1936
曾国藩
—「英雄」と中国史
岡本隆司 著
太平天国の乱を平定した、地味でマジメな秀才。激動の一九世紀にめぐりあわせた男を、中国史が作り出した「英雄」像とともに描く。

1937
森鷗外
—学芸の散歩者
中島国彦 著
多芸な小説家、旺盛な翻訳家、エリート軍医、優しいパッパ。様々な顔をもつ鷗外の人生と仕事を、同時代の証言と共に辿る決定版評伝。

1938
アメリカとは何か
—自画像と世界観をめぐる相剋
渡辺靖 著
今日の米国の分裂状況を象徴するアイデンティティ・ポリティクス。その実相は？ トランプ後の米国を精緻に分析、その行方を問う。

1939
ミャンマー現代史
中西嘉宏 著
ひとつのデモクラシーがはかなくも崩れ去っていった。軍事クーデター以降、厳しい弾圧が今も続くミャンマーの歩みを構造的に解説。

1940
江戸漢詩の情景
—風雅と日常—
揖斐高 著
漢詩文に込められた想い、悩み、人生の悲喜こもごも……。人びとの感情や思考を広く掬い上げて、江戸文学の魅力に迫る詩話集。

1941
記者がひもとく「少年」事件史
—少年がナイフを握るたび大人たちは理由を探す—
川名壮志 著
戦後のテロ犯、永山則夫、サカキバラ。実名・匿名、社会・個人、加害・被害の間で大人たちは揺れた。少年像が映すこの国の今。

1942
日本中世の民衆世界
—西京神人の千年—
三枝暁子 著
生業と祭祀を紐帯に、殺伐とした時代を生き抜いた京都・西京神人。今に至る千年の歴史に見える、中世社会と民衆の姿を描く。

1943
古代ギリシアの民主政
橋場弦 著
人類史にかつてない政体はいかにして生まれたのか。古代民主政を生きた人びとの歴史的経験は、私たちの世界とつながっている。

(2022.10)